Johannes Pausch / Gert Böhm

Himmlisch leben

Johannes Pausch / Gert Böhm

Himmlisch leben

100 Klosterweisheiten für den Alltag

Kösel

ISBN 3-466-36683-6

Druck und Bindung: Kösel, Krugzell
Umschlag: 2005 Werbung, München
Umschlagmotiv: Digital Vision / gettyimages

Gedruckt auf umweltfreundlich hergestelltem Werkdruckpapier (säurefrei und chlorfrei gebleicht)

Inhalt

Spirituelles Leben auf festem Fundament

Die meisten Menschen wollen ein einigermaßen anständiges, gutes Leben führen – nicht abgehoben von der Realität, nicht als Esoterik-Fetischisten, nicht als bigotte Moralapostel. Sie möchten für ihren Leib und ihre Seele etwas tun, um nicht in Stress und äußeren Zwängen unterzugehen. So versuchen sie, ihren Alltag bewusst zu leben und mit sich selber und mit anderen achtsam umzugehen – viele sehnen sich nach einer Berührung mit Gott, den sie auf ihrem Weg durchs Leben erfahren, begreifen und spüren wollen. Oft resignieren sie, weil ihnen die Zeit fehlt, um die Seele baumeln zu lassen, um Atem zu holen und ganz bei sich zu sein. Manchmal fehlen den Menschen auch praktische Handreichungen und Regeln, die sie auf diesem Weg nicht bevormunden, sondern anregen und Türen zu neuen Räumen öffnen.

Das vorliegende Buch will versuchen, Menschen auf ihrer Suche nach Leben zu begleiten.

In jedem Menschen glüht ein göttlicher Funke, eine Sehnsucht nach Leben. Jeder möchte diesen Funken göttlicher Weisheit im Herzen wahrnehmen und entfalten. Am Beispiel von 100 konkreten Situationen aus dem Alltag will das Buch Mut machen, diesen Lebensfunken zu fördern, damit er Licht wird und wärmt. Der Wunsch, das eigene Leben mit der Weisheit des Herzens zu gestalten, versinkt häufig im Alltag. Es ist oft schwierig zu entscheiden, welchen Schritt man heute tun kann, soll, manchmal auch muss, um das Ziel nicht aus den Augen zu verlieren – dazu möchte das Buch Hinweise und Anregungen geben. Vor allem will es die LeserInnen darin bestärken, die Lösung von Problemen, Konflikten und Krisen nicht allein dem Verstand zu überlassen, sondern auch auf die Stimme des Herzens zu hören. Sie ist leise und wird in unserer lärmenden Welt oft nicht wahrgenommen – doch es ist gut, ihr zu vertrauen, weil sie weise ist.

Das Buch ist kein Rezeptbuch, sondern eine Leiter, auf der man auf- und niedersteigen kann. Es will ein praktisches Handwerkszeug zum guten Leben sein. Die Anregungen, die darin gegeben werden, sind im Alltag erprobt. Man muss das Rad nicht immer neu erfinden, wenn bereits gute Erfahrungen gemacht werden. Das vorliegende Buch gibt Anregungen für ein spirituelles Leben, das auf ein solides Fundament baut: auf das Evangelium, auf die Weisheit der Regel des heiligen Benedikt – und auf den gesunden Hausverstand.

Schick die Totengräber auf Urlaub – und vertraue auf gesunde Lebensregeln

Ohne es zu merken, haben wir unsere eigenen Totengräber angestellt. Sie schaufeln schon an unserem Grab – es sind die Haltungen der Resignation, der Unbewusstheit, des Materialismus, des inneren und äußeren Chaos usw. Oft kultivieren wir sie, nähren sie – und spüren nicht, dass sie unsere Sehnsucht nach Leben pervertieren. Der gesunde Hausverstand, menschliche Intuition, Vertrauen auf die Führung des Gottesgeistes sind dann verschwunden.

Schick deshalb die Totengräber in Urlaub oder – noch besser – stecke sie in ein spirituelles Umschulungsprogramm. Denn es kostet genauso viel Mühe, einen Garten anzulegen wie ein Grab zu schaufeln. Und: Verliebe dich nicht in deinen Totengräber, auch wenn er dir noch so schöne Augen macht, es könnte tödlich enden – verliebe dich in den Gärtner deiner Seele.

Salz der Erde – Licht der Welt

Matthäus-Evangelium 5,13–14

1

Was ist ein spirituelles Leben?

Oft wird unser Leben zu sehr von Äußerlichkeiten bestimmt. Die Sorge um den Arbeitsplatz, das knappe Geld, dauernder Termindruck, das Auto, Partys, der Urlaub und das Eigenheim – der Lebensrhythmus vieler Menschen ist durcheinander geraten, die äußeren Zwänge lassen kaum noch Raum für Ruhe und Muße.

Eisschollen-Springen

Intuitiv wissen wir, dass wir aus dem Teufelskreis ausbrechen müssen. Viele lassen sich dann von ihren Emotionen anstacheln durch Nervenkitzel und Events, sie buchen Psycho-Seminare, laufen über glühende Kohlen, erwarten den Kick in indianischen Schwitzhütten und suchen nicht selten ihr Heil in Drogen. Sie sind davon überzeugt, dass sie damit ihre Spiritualität fördern. Leider wirken diese gut gemeinten Ausbrüche aus dem Alltag nicht lange nach, das Eisschollen-Springen von einem Kick zum anderen wird stressig und endet oft in Enttäuschungen.

Erfahrungen in Beziehung setzen

Echte Spiritualität entsteht erst, wenn ein Mensch alle seine Erfahrungsebenen miteinander in Beziehung bringt, also seine körperlichen Erfahrungen mit den psychischen und geistig-religiösen Ebenen verbindet. So lernt er die inneren Zusammenhänge des Lebens verstehen. Wer nur kluge Bücher liest, aber die Erkenntnisse daraus nicht in die Praxis umsetzt, kann keine Spiritualität entwickeln. Und Joggen wird erst dann zur spirituellen Erfahrung, wenn dem Läufer bewusst wird, dass er auch für sein emotionales und geistiges Leben Bewegung braucht. Spiritualität wächst, wenn alle Erfahrungsebenen des Menschen miteinander in Beziehung treten: Auf der einen Ebene finden sich die verschiedenen Zustände des Körpers, auf einer zweiten die Empfindungen der Seele, die sich in Freude und Glück ebenso äußern wie in Trauer, Angst, Hass oder Neid. Und schließlich, auf der geistigen Ebene, gibt es die religiöse Sehnsucht des Menschen nach Vollkommenheit, nach Stille, nach Frieden und Vollendung, aber auch die Gefahr, dass Hochmut und Anmaßung überheblich machen. Der heilige Benedikt sagt, dass Demut die Voraussetzung ist, um Spiritualität zu entwickeln.

Übung

Steh aufrecht mit zum Himmel ausgebreiteten Armen,
dann knie nieder und berühre mit der Stirn und den Händen den Boden – und steh wieder auf.
Diese Übung mehrmals wiederholen.

2

Weisheit und Humor – die Würze im Leben

Die meisten Menschen wirken ziemlich freudlos, wenn sie ihre Gedanken vortragen. Ihre Sprache kommt auf Stelzen daher und verkündet oft wirklich gescheite Inhalte, aber das mit Leichenbittermiene vorgetragene Wissen wird von den Zuhörern kaum verstanden, weil es vielleicht richtig ist, doch ohne ein Körnchen Weisheit und Humor völlig unverträglich wird.

Wissen dozieren

Jeder kennt in seinem Freundeskreis, im Beruf oder in Vereinen wahrscheinlich Menschen, die mit ihrem Wissen glänzen und andere beeindrucken wollen. Ernst, oft verbissen bohren sie ständig dicke Bretter und reißen bei jeder Gelegenheit das Gespräch an sich, um ihr Wissen an den Mann oder an die Frau zu bringen.

Humorvolle Gelassenheit

Weise Menschen vermitteln ihr Wissen nicht bitterernst, sondern würzen es mit Humor. Alle Bemühungen um Perfektion sind in unserer unvollkommenen Welt sowieso zum Scheitern verurteilt – diese Einsicht muss den Menschen nicht in Verzweiflung stürzen, sondern soll ihn eher zu geistreichem Humor anregen. Weisheit entsteht, wenn sich Wissen mit Liebe paart. Ohne Liebe wird Wissen oft zu intellektueller Grausamkeit.

Im Humor zeigt sich die Liebe zum Kleinen, zum Unfertigen, zum Fehler – eine Erkenntnis, die den Menschen zu Weisheit und zu heiterer Gelassenheit führt: Man kann über sich und das unvollkommene Leben schmunzeln. Gott selbst, der alles Leben erschaffen hat, muss Humor haben – wie sonst könnte er eine Giraffe in die Welt setzen.

Übung

Besuche einen Zoo und betrachte die Lebewesen, die Gott erschaffen hat. Falls der Zoo zu weit entfernt ist, dann gehe auf die Straße und schau dir den »Menschengarten« Gottes an – und wenn du auch dafür keine Zeit hast, dann schau dich im Spiegel selber an.

3

Alles Wachstum beginnt im Dunkeln

Dunkelheit wird von den meisten Menschen als Bedrohung empfunden. Deshalb machen sie oft die Nacht zum Tag. Durch die Erfindung des elektrischen Lichts und mit Einführung der Schichtarbeit haben wir sogar die Nacht als Teil des natürlichen Rhythmus des Lebens außer Kraft gesetzt. Dabei vergessen wir, dass alles Leben im Dunkeln entsteht. Der Mensch wächst in der Dunkelheit des Mutterleibes heran, jedes Samenkorn ist von Erde bedeckt. Die Geheimnisse aller Religionen beginnen im Dunkeln, ihre großen Feste der Erlösung (z.B. Weihnachten und Ostern) werden in der Dunkelheit der Nacht gefeiert.

Ohne Erfahrungen der Nacht

Die Menschen neigen dazu, alles ans Licht, an die Öffentlichkeit zu zerren. Damit zerstören wir häufig den Zauber und manche wunderbaren Geheimnisse, die den Menschen mit Freude und Glück erfüllen. Die Geräusche der Nacht, die Wahrnehmungen jenseits der Helligkeit – viele halten dunkle Erfahrungen gar nicht mehr aus. Doch es ist ein Prinzip des Lebens, dass ohne Dunkelheit kein Geistesblitz auftauchen kann und keine Sternstunde unser Herz mit Glück erfüllt. Dass gerade in unseren modernen Gesellschaften kaum noch große Ideen entstehen, hängt vielleicht damit zusammen, dass wir die bewussten Nachterfahrungen der Seele meiden und damit auf die Kraft des Irrationalen und Unbewussten verzichten, die jenseits des Verstandes existiert.

Wandel im Leben

Zum ausgewogenen Rhythmus des Menschen gehören die Nacht, die Dunkelheit, der Schlaf. Im Dunkeln macht der Mensch mystische Erfahrungen, sodass die Verwandlung, die Umkehr im Leben beginnen kann. Viele schlafen erst einmal eine Nacht drüber, bevor sie wichtige Entscheidungen fällen, sogar Erschöpfung wandelt sich in neue Kraft und Kreativität. Wer nachdenkt, in sich hineinhört, wer nach Lösungen für sein Problem sucht, verschließt oft unbewusst die Augen, damit aus der Dunkelheit neue Ideen aufsteigen. Wir wissen auch, dass viele Erfinder im Dunkeln tappten, bevor ihnen das berühmte Licht aufging.

Übung

Schließe deine Augen und achte darauf,
was in deiner Dunkelheit passiert.
Manchmal wirst du dabei Geduld brauchen,
bis die Irrlichter des Denkens ausgeschaltet sind.

4

Ins Leben hineinsteigen, nicht hineinstolpern oder hineinschlittern

Wie und wo lernt der Mensch, bewusst ins Leben hineinzugehen und nicht nur hineinzustolpern? Macht er die Erfahrungen als Kind, als pubertierender Jugendlicher, als Erwachsener, im Alter oder verdrängt er die entscheidenden Schwellensituationen des Lebens?

Der Sinn des Lebens

Zu viele Menschen scheitern gegenwärtig in unserer Gesellschaft am Leben: Sie werden geboren, wachsen heran, arbeiten, gründen eine Familie, werden mit 60 »ausgemustert« und verbringen als »altes Eisen« einen ziemlich freudlosen Lebensabend. Ist dieser Weg wirklich der Sinn des Lebens? Eine Einführung ins Leben, eine Initiation an den wichtigen Schwellensituationen gibt es nicht mehr oder sie werden in einem Event-Kult nivelliert.

Rituale ins Leben integrieren

Leben zu lernen ist kein intellektueller Vorgang. Natürlich gehört auch dazu, dass man Wissen aufnimmt, aber wichtiger als jede mathematische Formel sind persönliche Erfahrungen. Das Lexikon im Kopf ist nur ein Teil des Lebens – es ersetzt nicht den inneren Weg des Menschen, der Erfahrungen macht, Erkenntnisse und Einsichten bekommt und zu sich und zu anderen Beziehungen herstellt, die sein Leben prägen. Inneres, geistiges Wachstum geschieht vor allem dann, wenn der Mensch eine Schwelle überschreitet, wenn er auf der Leiter des Lebens auf- und niedersteigt. Dazu braucht er jemanden, der ihn begleitet, manchmal sogar führt – und es ist hilfreich, gerade an diesen Schwellensituationen Rituale ins Leben zu integrieren. Zu allen Zeiten haben die Menschen wichtige Stationen in ihrem Leben wie Geburt, Geschlechtsreife, Hochzeit und Tod durch Rituale bewusst gemacht und vollzogen. Auch Religionen vermitteln ihre Glaubensbotschaft in Ritualen, weil sie der Sehnsucht des Menschen nach Lebenssinn und Unsterblichkeit entsprechen. Rituale helfen dem Menschen, seine eigenen Grenzen zu erkennen und zu überschreiten und seine verschiedenen Erfahrungsebenen miteinander zu verbinden. So erlebt er Bewegung, Berührung, Entwicklung – und Stabilität im Leben.

Übung

Erinnere dich an wichtige Schwellensituationen in deinem Leben! Gab es jemanden, der dich begleitete oder warst du allein auf dich gestellt und musstest dich »durchwursteln«? Hast du diese Situation als befreiend oder als beängstigend in Erinnerung? Wem musst du helfen, gut ins Leben einzusteigen?

5

»Ich glaube an Gott«

Ist es wirklich hilfreich, dass jemand bei der Führung von Menschen an Gott glaubt? Und: Wie kann ein nicht religiöser Leiter den Glauben an Gott als Lösung seiner Führungsprobleme »annehmen«? Der Glaube an Gott, sagen Weise aus den unterschiedlichen Religionen übereinstimmend, ist bei der Führung von Menschen sehr förderlich. Vielen wird diese Behauptung nicht einleuchten, obwohl ein guter Rat in anderen Lebenssituationen durchaus dankbar akzeptiert wird – zum Beispiel wenn der Arzt ein für Laien undurchschaubares Medikament verordnet. Den Satz »Ich glaube an Gott« kann mancher deshalb schwer akzeptieren, weil er Gott nicht immer in guter Erinnerung hat. Vielleicht stand der Begriff Gott häufig in Beziehung mit Einengung, Verwundung, Entmündigung oder gar Strafe.

Schlechte Erfahrungen mit Gott

Die Enttäuschungen, die jemand im Laufe seines Lebens mit Gott gemacht hat, führen dann oft zu der Einstellung: Damit will ich nichts zu tun haben. Diese Schlussfolgerung kann sich auf den Führungsstil und das alltägliche Miteinander verheerend auswirken, weil auf große spirituelle Kraftreserven verzichtet wird. Bei schlechten Erfahrungen mit der Liebe oder bei Freundschaften sind die Folgen ähnlich: Die Enttäuschung über einzelne Personen führt zur totalen Ablehnung von allem, was damit zusammenhängt. Im Unternehmen kommt es bei den Enttäuschten entweder zur totalen Verweigerungshaltung gegenüber dem Vorgesetzten oder sie schwimmen nur noch teilnahmslos und träge mit.

Verwandlung als Weg

Gute Botschaften sollen befreit werden von ihren schlechten »Nebenwirkungen«. Im Kapitel über den Abt sagt der heilige Benedikt in der Ordensregel: Sein Tun und Handeln und Denken sollen wie ein Sauerteig sein, der verwandelt. Die Führung von Menschen erfordert einen eigenen Wandlungsweg und die ständige Verwandlung und Entfaltung derer, die geleitet werden. Kraft vermitteln, die anderen wachsen lassen – das sind Eigenschaften, die einen guten Chef auszeichnen.

Übung

Klopfe dir mit den Fingern etwa zehn Zentimeter unterhalb deiner Halsgrube auf das Brustbein und sprich immer wieder den Satz: »Ich liebe, ich glaube, ich vertraue – ich gehe meinen Weg« ...
Mit dieser uralten energetischen Übung können sich negative Erfahrungen lösen und zu einem positiven Wert verwandeln.

6

Glaube an Gott ist menschlich

In der Feier der Eucharistie und in jedem heiligen Mahl erlebt der Mensch das große Geheimnis des christlichen Glaubens – die Vereinigung mit Gott. Glaube ist etwas zutiefst Menschliches, unabhängig davon, woran und wie man glaubt. Ein Mensch ohne jeden Glauben kann nicht sinnvoll leben. Das ganze Leben besteht aus einer Aneinanderreihung von Ereignissen, die Glauben erfordern: dass das Glas Wasser nicht giftig ist, dass die Brücke die Last des Autos aushält, dass der Sturm das Hausdach nicht zerstört, dass der Omnibus, der die Kinder morgens in die Schule bringt, nicht wegen technischer Mängel die Böschung hinabstürzt.

Der Perfektionswahn

Ohne Glauben und Vertrauen wären wir völlig überfordert. Manche terrorisieren ihre Mitmenschen, um in ihrem Perfektionswahn Fehler zu verhindern. Sie reiben sich selber auf, um alles unter Kontrolle zu halten – und machen sich das Leben zur Hölle. Voller Misstrauen und ohne Verständnis auch für kleinste Fehler jagen sie durchs Leben, haben das Gefühl für den anderen verloren und trauen niemandem über den Weg, weder sich selbst noch anderen noch Gott. Sie sehen den anderen nur noch in dessen Zweck-Funktion und beurteilen ihn ausschließlich danach, was er tut, was er kann – und ob er für das eigene Ego nützlich ist.

Sehnsucht nach Lebenssinn

Ein Mensch kann nicht alles selber bewältigen, sondern ist darauf angewiesen, anderen zu glauben. Zu diesem Glauben gehört auch die Erkenntnis, dass es Schwächen und menschliches Versagen gibt, dass Fehler passieren. Denn Glaube hat weniger mit dem Verstand zu tun, sondern mit dem Herzen. Im Glauben zeigt sich die Bejahung des Lebens, auch die Verantwortung – für sich selber und für andere. Menschen haben in ihrer Sehnsucht nach Lebenssinn und Unsterblichkeit immer versucht, ihre Grenzen zu überschreiten und transzendente Erfahrungen zu machen – in der Eucharistie erlebt der Mensch Glauben in seiner höchsten und menschlichsten Form.

Übung

Setz dich hin und spüre nach, ob du alles hast oder ob dir etwas fehlt. Wenn du alles hast, kannst du die Übung beenden. Wenn dir jedoch etwas fehlt, dann spüre deine Sehnsucht und den Gedanken an das Leben.

7

In der Stille Gott erfahren

Stille ist in unserer lärmenden Welt zu einem kostbaren Gut geworden. Viele Menschen sind gar nicht mehr in der Lage, Stille zu ertragen. Um sie herum wird geplappert, in der Wohnung läuft ununterbrochen das Radio, in den Autos wummert Techno-Musik. Wenn diese Geräusche einmal auf Null zurückgedreht werden, tritt Stille ein – dann erst kann ein Mensch seine inneren Stimmen hören. Sie melden sich zunächst oft genauso laut wie der Außenlärm – und steigen als Ängste, Wünsche, Emotionen und Zwänge aus den Tiefen des Unbewussten auf. Dort waren sie eingelagert und wegen des äußeren Lärms unhörbar geworden. Jetzt, in der Stille, machen sie sich bemerkbar, indem sie Unruhe erzeugen, Selbstzweifel, Schweißausbrüche. Stille ist nicht ganz leicht zu ertragen.

Stille aushalten

Wenn in der Stille solche Emotionen an die Oberfläche gespült werden, halten es viele Menschen nicht aus. Sie sehnen sich zurück nach der akustischen Berieselung, die ihnen ihre Probleme vom Leib gehalten hat, schalten wieder das Radio an, zappen sich durch die TV-Programme und geben im Leben erneut Gas.

Andere bleiben bei den Ängsten hängen, die in ihrem

Inneren aufgetaucht sind, und versuchen mit Gewalt sie zu analysieren, aber dieses verbohrte Grübeln bringt selten Erfolg.

Schweigen und Stille

Klüger ist es, sich mit den Emotionen nicht sofort zu beschäftigen. Man soll diese Gefühle annehmen, aber nicht bewerten – die Zeit, sie zu bearbeiten und die Probleme zu lösen, ist noch nicht da. Für viele ist es hilfreich, sich die wahrgenommenen Emotionen aufzuschreiben, damit sie später nicht in Vergessenheit geraten. Oft ist es schwer, die aus der Stille nach oben gekommenen Regungen nicht sofort zu bearbeiten. In der Stille spricht jemand zu dir, der hinter allen Emotionen steht, Christen nennen diese höchste Instanz Gott. Die göttliche Stimme kann der Mensch auch in anderen Situationen des Lebens wahrnehmen, aber Stille ist der Zustand, in dem Gotteserfahrungen gemacht werden. Deshalb empfiehlt der heilige Benedikt, das Schweigen zu lieben, um sich in der Stille Gott zu nähern. Natürlich darf man sich nicht entmutigen lassen, wenn sich dieses Erlebnis nicht sofort einstellt – oft ist die Berührung und Begegnung mit Gott ein mühsamer, langwieriger Prozess.

Übung

Geh in einen Raum oder an einen Ort, wo es still ist – und lass die Stille auf dich wirken. Höre auf zu denken, überlasse dich ganz der Stille.

Der Himmel
ist kein Platz
für Pharisäer und
Schriftgelehrte,
sondern für richtige
Menschen.

Matthäus-Evangelium 5,20

8

Schein oder Sein

Worin besteht der Wert eines Menschen?

In unserer Gesellschaft werden Menschen meist nur nach ihrem Äußeren beurteilt. Die Show, der pfauenhafte Auftritt, die schrillen Gags in der Werbung – die Scheinwelt zeigt sich für viele beeindruckend und verführerisch.

Doch in jedem Menschen ist auch die Suche nach dem Echten verwurzelt, er sehnt sich nach dem Wahrhaftigen. Dieses Bedürfnis drückt sich sogar bei den Zigmillionen Zuschauern von TV-Talkshows aus, die sich für fremde Menschen interessieren, wenn deren Leben auf dem Bildschirm enthüllt wird. Hinter dem vordergründigen Voyeurismus zeigt sich fast immer eine Neugier aufs ungekünstelte, manchmal auch skurrile und schockierende Leben.

Die Scheinwelten des Lebens

Viele Menschen ertappen sich selber dabei, dass sie in dieser Scheinwelt leben – mit teuren Garderoben, mit dem Luxusauto, auf Partys und mit der bewusst gesuchten Nähe zur Prominenz. Wenn sie sich dabei wohl fühlen, sehen sie auch keinen Grund, etwas zu verändern – eine Haltung, die meist in großer Ernüchterung endet.

Rückkehr zur Realität

Das wirkliche Leben ist anders, härter. Ständig ist man gefordert, sich mit Problemen und anderen Menschen auseinander zu setzen. Schwierigkeiten im Beruf, Ärger mit Nachbarn, Trauer beim Tod geliebter Menschen, Streit in der Familie – man muss akzeptieren, dass das Leben nicht nur aus Erfolgen besteht, sondern auch aus Niederlagen und Enttäuschungen. Es gibt keine Dauersieger. »Nicht ›heilig‹ genannt werden wollen, bevor man es ist«, schreibt der heilige Benedikt in seiner Regel. Erst wenn man auf den Boden der Realität zurückkehrt, kann man die scheinheilige Welt hinter sich lassen und geht bewusst zurück ins schwierige, unvollkommene, aber wunderbare Leben.

Übung

Du legst dich flach auf den Boden und spürst, wie du getragen wirst. Du bist ganz da – getragen von der Erde, beschützt vom Himmel.

9
Halbwahrheiten sind die größten Lügen

Plumpe Lügen sind selten geworden. Die meisten Menschen meinen, intelligent genug zu sein, um die ganze Wahrheit durch Halbwahrheiten zu vertuschen – vor sich selber und gegenüber anderen. Fatal und heimtückisch daran ist, dass ja die Hälfte tatsächlich stimmt. Doch die andere, verschwiegene Hälfte ist weitaus wichtiger – vielleicht bewirkt sie sogar das Gegenteil. Wenn ein Mann seiner Ehefrau mitteilt, er werde nach Büroschluss noch zwei Stunden Sport im Fitness-Studio treiben und dabei verschweigt, dass er sich dort mit seiner Freundin trifft, dann ist die Halbwahrheit schlimmer als eine offenkundige Lüge.

Aus Angst vor der Wahrheit

Halbwahrheiten sind leider salonfähig geworden. Sie scheinen in den modernen Gesellschaften einen fruchtbaren Nährboden zu finden – sogar in Regierungserklärungen tauchen sie auf, wenn zum Beispiel die Zahlen zur Arbeitslosigkeit beschönigt werden. Aber mit der berühmten Vogel-Strauß-Politik, die aus Angst vor der Wahrheit den Kopf in den Sand steckt, ist (im Großen wie im Kleinen) niemandem geholfen. Denn Halbwahrheiten wirken zerstörerisch – auf den, der sie sagt, und auf jene, die sie hören. Auch das fadenscheinige Argument, man müsse den anderen vor der Wahrheit schonen, ist eine Lüge; denn schonen will man sich dabei nur selber.

Deine Rede sei ja ja, nein nein!

Jesus hat sich zu Halbwahrheiten eindeutig geäußert: »Deine Rede sei ja ja oder nein nein – was dazwischen ist, ist vom Bösen.« Wenn man sich bewusst wird, dass Halbwahrheiten Lügen sind, auch wenn sie noch so wohlformuliert den Mund verlassen, dann ist der erste Schritt zu Aufrichtigkeit und Wahrheit schon getan.

Übung

Durchforste deine letzten drei Tage nach Halbwahrheiten bei dir selber – und stelle sie bei dir und bei denen richtig, denen du sie gesagt hast.

10

Größenwahn und Schuldgefühle sind Eitelkeiten

Im Umgang mit sich selber, mit anderen und mit Gott pendelt der Mensch meist zwischen Extremen hin und her: Größenwahn und Schuldgefühle.

Anspruch an Perfektion

Viele Menschen glauben, im Leben entweder alles richtig zu machen oder alles falsch. In beiden Empfindungen äußert sich eine zerstörerische Grundhaltung: der Absolutheitsanspruch – beim Größenwahn in der totalen Selbstüberschätzung, bei den Schuldgefühlen in einem übertriebenen Minderwertigkeitskomplex. Da wie dort drückt sich der Anspruch zur Perfektion aus. Doch Menschen sind unvollkommen, haben Schwächen und machen Fehler. Wer sich das nicht eingesteht und mit ständigen Rechtfertigungen den Eindruck erwecken will, er trage keine Schuld und mache keine Fehler, belügt sich selber.

Rückkehr zum rechten Maß

Der Mensch ist weder allmächtig noch hilflos – dass er Fehler macht, gehört zum Leben. Gott hat uns mit Stärken und mit Schwächen ausgestattet. Die Einsicht, dass man weder perfekt ist noch ein zerknirschter Versager sein muss, kann den Menschen von den extrem gegensätzlichen Grundhaltungen befreien und zum rechten Maß zurückführen. Das entspricht auch dem Wort von Jesus, der einmal sagte: »Wer sich erhöht, wird erniedrigt werden – und wer sich erniedrigt, der wird erhöht werden«. Jemand, der nach einem Fehler seine Schuld anerkennt, ist bereits auf dem Weg der Besserung. Diese Erfahrung hilft ihm, mit sich selber und mit anderen aufrichtig umzugehen – und zum Leben zurückzukehren. Dabei muss man wissen, dass die Umkehr nur selten durch einen Blitzschlag ausgelöst wird, sondern meist ein mühevoller Weg ist, den man mit kleinen Schritten geht. Doch gute Vorsätze allein reichen nicht, der Einsicht muss auch praktisches Handeln folgen.

Übung

Schreibe auf ein Blatt Papier deine Größenwahn-Phantasien und auf die Rückseite alle Schuldgefühle – und überprüfe nach einem Monat, was du von alledem wirklich bist.

11

Falsches Selbstbewusstsein

Manche Menschen leben nur nach eigenen Regeln: Alles, was sie denken und tun, ist ihnen heilig. Sie sind sich selber genug. Voller Überheblichkeit erwarten sie von den anderen, dass auch sie diese Maßstäbe übernehmen oder akzeptieren. Diese Menschen sind, ohne es selbst zu merken, unfähig zur Kooperation, sie ertragen keine Kritik und verstehen sich und die Welt nicht mehr, wenn man ihre »Lebensregeln« in Frage stellt. Sie versuchen, sich selbst zu schützen, ihre Person, ihre Einsicht. Aber sie schützen nur eine leere Hülse, eine Fassade. Bei ihnen ist der verständliche Schutz des Selbstbewusstseins bis zum Exzess übersteigert. Ihre scheinbare Offenheit für neue Erfahrungen hat sich in Starre verwandelt – solche Menschen schneiden sich vom Leben ab, obwohl sie glauben, mittendrin zu stehen.

Entseelter Klotz

Menschen, die sich in dieses falsche Selbstbewusstsein verbissen haben, lösen aufkommende Konflikte mit ihrer Umwelt meistens durch noch schärfere Abkapselung, durch Entwertung des anderen, durch Rechtfertigungen des eigenen Handelns und durch Realitätsverlust. Sie fühlen sich von den anderen völlig missverstanden und ziehen sich immer mehr in die eigene Isolation zurück. Innerlich und äußerlich eingepanzert wächst dann die Gefahr, dass sie mit ihrem aufgeblähten Ego zum entseelten Klotz werden.

Rückkehr zu den Menschen

In seiner Ordensregel erwähnt der heilige Benedikt ebenfalls Mönche, mit denen fast keine Kommunikation mehr möglich ist, weil sie um sich herum Mauern errichtet haben und nur um sich selbst kreisen. Die einzige Möglichkeit, diesen bitteren Irrweg wieder zu verlassen, ist auch heute die Rückkehr in die Gemeinschaft mit anderen Menschen. Die bewusste Aufnahme von Beziehungen zu alten Bekannten, zu Arbeitskollegen, im Verein und im Familienkreis sind hilfreich, um die Mauern wieder einzureißen, kleine Schritte zu tun, Vertrauen zu wagen und Risiko einzugehen.

Übung

Ruf drei verschiedene Menschen an und bitte sie, dass sie dir am Telefon zehn Minuten lang ungeschminkt ihre Meinung über dich sagen – und bedanke dich dafür, ohne dich zu rechtfertigen oder zu verteidigen.

12
Der Terror der spirituellen Leistungsgesellschaft

Die Welt ist voller Schwierigkeiten und Probleme, sodass man sich oft die Frage stellt: Existiert Gott wirklich – und warum lässt er die Ungerechtigkeiten und die Katastrophen zu? Ist Gott in diesem Chaos und in der Gebrochenheit der Menschen überhaupt noch gegenwärtig?

Zwang und Verbissenheit

Die Anforderungen, die unsere materielle Leistungsgesellschaft an den Einzelnen stellt, sind sehr hoch – und die Gefahr ist groß, dass wir diese Erwartungen auch auf unser spirituelles Leben übertragen: Die meisten wissen, was Menschen wehtut, was sie zerstört – und setzen sich und andere unter Druck, um all das einzufordern, was das Leben gut und schön und harmonisch macht. Mit dem Schwert des Wortes und des Geistes bedrohen sie jeden, der sich nicht tugendhaft verhält. Fundamentalisten missbrauchen die Religionen für ihre Heilslehren, um die Menschen mit Gewalt zu bekehren.

Die Erfahrung, dass Gott gut ist

Doch der Weg zum guten Leben führt nicht über Zwang und Verbissenheit, sondern über heitere Gelassenheit und

Freude. Gott überfordert den Menschen nicht, er ist kein Einpeitscher, der ständig vorschreibt, was zu tun und zu lassen ist – kein Mensch würde dies in seiner Unvollkommenheit aushalten. Der Mensch muss seinen Beitrag leisten für sein Heil, aber nicht unter Druck und mit schlechtem Gewissen, sondern in innerer Freiheit. Die Botschaft Gottes ist weder zerstörerisch noch ein Sammelsurium von Daumenschrauben. Der Mensch kann sich vom Druck solcher Irrlehren befreien, wenn er die Erfahrung macht, dass Gott von sich aus gut ist. Daraus erwachsen Vertrauen, Hoffnung und Hingabe im Leben – zu sich, zu anderen Menschen, zu Gott. Wer sein Leben an den Zehn Geboten ausrichtet, tut dies vor allem deshalb, weil es ihm und den anderen Menschen dabei gut geht – auch in dem Bewusstsein, dass man in seiner Unvollkommenheit Fehler macht und nicht alle Ansprüche erfüllen kann. Leben kann auch ohne ständige spirituelle Klimmzüge gelingen. Es reicht, sich in jedem Augenblick vom Atem Gottes erfüllen zu lassen.

Übung

Mache dir bewusst, wann du dich in den letzten Tagen falsch, vielleicht sogar böse verhalten hast. Dann achte auf deinen Atem und auf alle Zeichen des Lebens. Gott dreht uns nicht den Hahn des Lebens ab, auch wenn wir uns vom Leben abgewendet haben. Aber es würde uns nicht schaden, Fehler einzusehen und zu verbessern, um leichter leben zu können.

13
Sich ums Seelenheil kümmern

Beim Umgang mit anderen Menschen ist es die erste Aufgabe, dass man sich um deren innere spirituelle Entwicklung kümmert, also um ihr Seelenheil. Dieser Aspekt wird viel zu selten beachtet, weil andere Dinge im Vordergrund stehen: Das Kind soll etwas Vernünftiges lernen, die Familie wird mit gutem Essen versorgt, im Betrieb muss der Lohn stimmen.

Das alles ist wichtig, aber der Nachfahre des Neandertalers ist nicht nur ein Produkt aus biochemischen und psychischen Prozessen. Zum Menschen gehört auch eine geistig-religiöse Dimension, er hat eine unsterbliche Seele und trägt einen göttlichen Funken in sich. Dieser Aspekt wird oft vergessen – so bleibt die Sehnsucht des Menschen nach Spiritualität unerfüllt, weil er nicht als geistiges Wesen wahrgenommen wird.

Zur Entwicklung beitragen

Die meisten glauben, dass es genüge, wenn sie andere Menschen gerecht und zuvorkommend behandeln, sie nicht ausnutzen, nicht betrügen und nicht belügen. Auf diese Weise, so meinen sie, werden die anderen in ihrer jeweiligen Entwicklung nicht behindert und man leistet zu ihrer persönlichen Entfaltung einen ausreichenden Beitrag. Dieses Verhalten ist gut, aber werden damit wirklich alle Bedürfnisse abgedeckt?

Ehrfurcht erweisen

Der Mensch will in seinem Inneren die Ursehnsucht nach Glauben, nach einer höchsten Instanz, die von Christen Gott genannt wird, wahrnehmen.

Jeder Mensch hat eine unverwechselbare spirituelle Identität, und dieses göttliche Leben muss geachtet und gefördert werden. Die Spiritualität zur Entfaltung zu bringen, ist die wichtigste Aufgabe – die eigene wie die der anderen Menschen. Dazu gibt es allerdings keine fertigen Handlungsrezepte, weil man diese tiefste, letzte Dimension des Menschen mit dem Verstand nicht begreifen kann. Nach der benediktinischen Ordensregel muss der Abt, wenn er sich um seine Mönche sorgt, zuerst ihre Seelen begleiten, also dem geistlichen Leben der Mönche dienen. Diese Erfahrung lässt sich auch auf das alltägliche Leben übertragen. Dem anderen und sich selbst mit Ehrfurcht zu begegnen, ist wohl am ehesten eine Haltung, die das Göttliche im Menschen erahnen lässt – und es entfaltet.

Übung

Ich stelle mir einen fremden Menschen vor und verneige mich vor ihm. Dann verneige ich mich auch vor einem Menschen aus meiner nächsten Umgebung.

14
Umgang mit Kindern

Alle beklagen unsere Zukunft, weil zu wenig Kinder nachwachsen. Das demografische Missverhältnis zwischen Jung und Alt scheint ein Problem zu werden, das die Lebensqualität in den modernen Gesellschaften zerstört. Kinder gelten als Belastung, sie treiben angeblich die Eltern in die Armut und schränken die Entfaltung und Selbstverwirklichung von Einzelnen und Familien gewaltig ein.

Nicht in Watte packen

Viele Paare verzichten deshalb auf Kinder. Der besorgte Blick in die Haushaltskasse und die Angst, sich mit Babys und Heranwachsenden unnötigen Ärger ins Haus zu holen, führt zum Entschluss, kinderlos zu bleiben und das eigene Leben in vollen Zügen zu genießen.

Das andere Extrem ist die »Affenliebe«, wenn Eltern ihr Kind in Watte packen und ihm jeden Wunsch erfüllen. An den schlechten Noten der »Prinzessin« sind dann die Lehrer schuld, bei der geringsten Erkältung wird der Arzt gerufen – mit übertriebener Fürsorge werden heute viele Kinder von der Realität des Lebens fern gehalten. Mütter und Väter haben zu den Kindern ein gestörtes Verhältnis, weil sie ihre Sprösslinge nicht wirklich ernst nehmen und ihnen keine eigenverantwortliche Entfaltung, auch keine Belastung zutrauen.

Wieder die Liebe zu Kindern entwickeln

Deshalb ist es überlebenswichtig, dass wir eine neue Einstellung zu Kindern entwickeln. Natürlich gehört es zur Pflicht des Staates, dass er sinnvolle Maßnahmen ergreift, um die Betreuung von Kindern zu erleichtern. Doch noch wichtiger als technokratische und bürokratische Hochleistungsprogramme zur Frühförderung, die Einschaltung von Sozialforschern oder der Computer für Dreijährige ist eine veränderte Grundhaltung gegenüber Kindern. Wir müssen den Kindern unser Herz zuneigen. Dazu braucht man keine Bürokratie und keinen Psychologen, sondern Liebe, Achtung und Ehrfurcht. Alle gut gemeinten Sozialprogramme sind sinnlos, wenn die Kinder nicht unsere Liebe spüren, die ihnen auf ihrem eigenständigen Weg ins Leben Vertrauen gibt. Und bei aller Liebe müssen den Kindern auch Grenzen gesetzt werden, sonst gehen sie mit falschen Erwartungen in ihre Zukunft. Die Fähigkeit, zu den Kindern Liebe zu entwickeln, ihnen Vertrauen zu schenken und Herausforderungen zuzumuten, ist heute die wichtigste Aufgabe der Erwachsenen.

Übung

Spiele manchmal mit dem Kind einer befreundeten Familie zweckfrei eine halbe Stunde lang.

15

Verhältnis zum Alter

Die demografische Entwicklung in den modernen Gesellschaften weist unmissverständlich nach: Der Anteil alter Menschen wird stark wachsen und dem Sozialstaat Versorgungsprobleme aufbürden, die nicht mehr bezahlbar sind. Bisher galt die landläufige Meinung, dass die Gesellschaft ihre Pflicht gegenüber alten Menschen erfüllt, wenn sie Geld, Wohnraum und Pflege bereitstellt. Aber diese Aufgabe kann schon in naher Zukunft nicht mehr bewältigt werden, weil die Zahl der Rentner und Pensionäre rapide steigt, während nur noch halbierte Jahrgänge nachwachsen, die das staatliche Sozialsystem nicht ausreichend finanzieren können. So sitzt der Staat in der Falle. Er hat den Lebensabend immer nur als materielle Versorgung betrachtet – und selbst dafür fehlt jetzt das Geld.

Nur Rationalisierung ist der falsche Weg

In der Vergangenheit konnte selbst die gut gemeinte Betreuung durch karitative Einrichtungen nicht verhindern, dass die betagten Menschen in den Heimen ziemlich würdelos »entsorgt« wurden. Deshalb wäre es falsch, wenn jetzt die Pflegedienste die immer stärkere Finanznot durch noch schärfere Rationalisierung und noch effizientere Pflegemethoden mildern wollen.

Umdenken als Lösung

Vielleicht hat die derzeitige Krise auch ihr Gutes und führt zum Umdenken. Denn die modernen Gesellschaften haben ein merkwürdiges Menschenbild geschaffen: Danach endet der Reifeprozess eines Menschen, sobald er nicht mehr produktiv ist – die Entsorgung beginnt. Dass jedoch die Entfaltung des Menschen im Alter weitergeht und erst im Tod ihre Vollendung findet, wird einfach übersehen. Der heilige Benedikt zeigt den richtigen Weg im Umgang mit alten Menschen: Man muss ihnen Ehre erweisen, also respektieren, dass sie ein wichtiger Teil unserer Gesellschaft sind. Ihr geistiger Beitrag zum Leben, der sich in jahrzehntelangen Erfahrungen gebündelt hat, tut allen Menschen gut. Deshalb sollten diese Fähigkeiten in ein neues spirituelles Sozialsystem integriert werden, damit die Gesellschaft die Erfahrungen der Alten zum Wohle aller nutzen kann, vor allem in sozialen Engagements.

Übung

Konzipiere deine eigene geistige Altersvorsorge, deine Lebensplanung, die dir auch im Alter Lebendigkeit und Kreativität gibt.

*Wenn ihr betet,
redet, fastet, lebt –
macht es nicht
wie die Heuchler.*

Matthäus-Evangelium 6,5–18

16

»Muss ich schon wieder tun, was ich will?«

In der Kindertherapie und im normalen Leben kommt es darauf an, dass die Kleinen wieder zu ihrem ursprünglichen Wollen zurückfinden, zu ihrem je eigenen Lebensimpuls, damit sie, getragen von diesem Lebensimpuls, fähig werden, frei und verantwortlich zu handeln. Im Spiel soll das Kind lernen, wieder all das zu tun, was es gerne tun möchte. Bei einem Buben führte dieser Grundsatz am Beginn der Therapiestunde zu seiner besorgten Frage: »Muss ich heute schon wieder tun, was ich will?«

Kicks und Events

Darin steckt auch für Erwachsene eine Weisheit. Denn viele wissen nicht, was sie im Leben wirklich wollen. Sie haben verlernt, ihre inneren Impulse wahrzunehmen. Oft suchen sie verzweifelt nach ihren Zielen – und finden sie nicht. Langeweile und Verdrossenheit lähmen sie und machen sie anfällig für Einflüsse von außen, für Fremdsteuerung. Unkritisch übernehmen sie dann vieles und fallen auf immer neue Kicks und Events herein, statt sich an ihrem eigenen Lebenswillen auszurichten und sich einen sinnvollen Lebensrhythmus zu schaffen. Das eigene Wollen zu finden heißt jedoch nicht, seiner Lust und Laune zu frönen und rücksichtslos seinen Egoismus durchzusetzen.

Rückkehr ins Hier und Jetzt

Die Umkehr in dieser Sackgasse kann beginnen, wenn sich der Mensch jeden Tag für einige Zeit bewusst zurücknimmt, sich von äußeren Zwängen löst und auf seine inneren Impulse hört. So kann er sich wieder selber spüren – oft ist diese Erfahrung verbunden mit der Trennung von bisherigen Beziehungen zu anderen Menschen, weil sie ihn in die Erstarrung geführt haben. Die Rückkehr in die Gegenwart, ins Hier und Jetzt, beendet die Fremdsteuerung. Vom heiligen Benedikt wird erzählt, dass er – nachdem er als Abt im Kloster Vicovaro gescheitert war – zu sich selbst zurückkehrte und im Angesicht Gottes seine innere Ruhe wieder fand.

Übung

Setz dich eine halbe Stunde lang an einen ruhigen Platz, tue nichts, sondern höre nur auf das Wollen des Herzens.

17

Fasten verlängert das Leben

Essen und Trinken hält Leib und Seele zusammen, sagt der Volksmund. Das ist richtig, muss aber noch ergänzt werden; denn auch das Fasten gehört dazu. Viele Menschen verwechseln Fasten mit Hungern – und haben Angst davor, weil sie meinen, dass sie es nicht schaffen, aufs Essen zu verzichten. Vordergründig sehen sie im Fasten nur eine Gewichtsreduzierung – und nicht die grundlegende Reinigung von Körper und Seele. In fast allen Religionen und Weisheitslehren wird eine jährlich wiederkehrende Fastenzeit empfohlen, weil sie dem Menschen gut tut – und zur inneren Umkehr führt.

Abspecken ist nicht Fasten

Die meisten Menschen verwechseln Fasten mit einer Hungerkur, bei der sie kurzfristig ein paar Pfunde verlieren, die sich aber schon bald wieder ansetzen. Auch das ständige Kalorienzählen hat nichts mit Fasten zu tun, sondern zielt einseitig auf die Reduzierung des Körpergewichts. Natürlich kann es hilfreich sein abzuspecken, um den von falscher Ernährung und Fast-Food aufgedunsenen Leib vom Übergewicht zu befreien. Mit echtem Fasten allerdings haben diese Radikalkuren wenig zu tun.

Innere Umkehr

Der Mensch muss für sein Wohlbefinden nicht viel essen – vor allem ist die geistige Nahrung wichtig. In dieser Erkenntnis liegt das eigentliche Motiv zum Fasten. Im Fasten setzt sich der Mensch bewusst Verlusterfahrungen aus, denen er im Leben gerne aus dem Weg geht, obwohl sie ihn ständig begleiten – er verliert seine Jugend, nahe Menschen sterben, Besitz und Arbeitsplatz können verloren gehen, Lebenskraft schwindet, und am Ende verliert der Mensch sein Leben. Doch so paradox es klingt: Ohne Verlusterfahrungen kann sich der Mensch nicht entwickeln. Im Fasten übt er das Loslassen bewusst ein – und erlebt, dass Verzicht zum Gewinn wird.

Übung

Streiche eine Woche lang das Abendessen vom Speiseplan und trinke am Abend nur noch ganz bewusst einen guten Kräutertee.

18

Höre ich meine innere Stimme?

Ein Sprichwort sagt: »Der Vogel sitzt meistens auf dem Dach und pfeift selten aus dem Herzen.« Dahinter steht die Frage, ob man seine innere Stimme hört und beachtet oder nur seinen aufgesetzten Launen folgt. Die meisten Menschen nehmen die leisen Töne des Herzens nicht wahr, weil die äußere Welt zu laut ist. Sensibel zu werden für die leisen Stimmen erfordert viel Achtsamkeit – und die Fähigkeit zur Unterscheidung, sonst fällt man sogar auf zeternde Spatzen herein.

Aufmerksames Hören ist keine Hypochondrie

Wer hinter jedem Busch ein Gespenst vermutet, wer wie ein Hypochonder ständig in sich hineinlauscht, um winzigste Anzeichen einer Krankheit zu entdecken, macht sich selber verrückt – mit Sensibilität haben solche Auswüchse nichts zu tun. Doch viele Menschen sind unsensibel, blähen sich auf und halten die Stimme ihres persönlichen Vogels für eine Botschaft des Heiligen Geistes.

Hören in Demut

Die Stimme des Herzens ist aufrichtig – und sagt nicht nur Angenehmes. Deshalb ist es gut, wenn man miteinander und aufeinander hört. Das ermöglicht Fragen und Korrekturen durch den anderen. Oft muss der Mensch dabei alte Standpunkte und Meinungen verändern, vielleicht sogar ganz aufgeben – doch ohne sich untreu zu werden oder sein Fähnchen in den neuen Wind zu halten. Die innere Stimme wahrzunehmen, ist ein demütiges Hören. Man hört sie in der Stille, im Schweigen und im aufmerksamen Zuhören.

Übung

Versuche heute sehr bewusst und mit großer Sensibilität auf die Stimme deines Herzens zu hören und sie vom Zwitschern oder dem Gezeter deines persönlichen Vogels zu unterscheiden. Falls dies nicht gelingt, bitte einen anderen, mit dir die Stimme zu hören und entscheiden zu lernen, was Wahrheit ist – und was Theaterdonner.

19
Murren – die ausdruckslose Rebellion

Murren ist eine Eigenschaft, die das Leben zerstört. Wenn sich Menschen mit einem lautlosen Schrei resigniert in sich selber zurückgezogen haben, wird ihr Murren zur ausdruckslosen Rebellion. Frustriert fressen sie alles in sich hinein: Enttäuschungen, Ärger, Aggressionen, Verletzungen, Wut – wie nach einer Implosion beginnt die unterdrückte Lebensenergie im Leib und in der Seele zu murren.

Die inneren Dialoge

Den betroffenen Menschen ist ihr bedauernswerter Zustand zwar bewusst, aber sie kennen keinen Ausweg. Sie meinen, dass sie mit ihren Problemen alleine fertig werden müssen, weil keiner sie versteht. Sich selber halten sie oft für einen Versager – und alle anderen für Menschen, die das Leben behindern. Sie führen mit sich innere Dialoge, nähren ihren eigenen Pessimismus und den anderer Menschen, verzweifeln am Irrweg ihres Lebens – doch nur wenig dringt nach draußen. Manchmal erkennt man murrende Menschen an ihren verbissenen Lippen, an den verkniffenen Augen, an ihrem Nörgeln und Spotten, an der oft unmotiviert ausbrechenden Aggression – dann hinterlässt das Murren, das aus dem Herzen kommt, äußere Spuren. Aber meistens bleibt ihre Bitterkeit unentdeckt.

In Schwingung kommen

Murrende Menschen kommen aus ihrem destruktiven Leben nur heraus, wenn sie erkennen, dass sie erstarrt sind. Aber es reicht meist nicht aus, dass dann Gespräche die Situation erhellen, um die Lähmung zu beseitigen und neue Beziehungen aufzubauen. Der spirituelle Weg zur Heilung führt über die Ent-Starrung. Das gelingt am besten, indem die verkrampfte innere Stimmung gelöst wird und der ganze Mensch in Schwingung, in Bewegung kommt. Musik machen und hören, selber singen – das sind einfache und heilsame Methoden, um das Murren im Herzen zu beenden und sich wieder in Stimmung zu versetzen. Manchmal ist es am Anfang hilfreich, etwas aus sich herauszuschreien – auch das kann die innere Verkrampfung lösen. Deshalb singen die Mönche den ganzen Tag. Es ist der Lobpreis Gottes und der Schöpfung, wenn Menschen die Bitterkeit der Erstarrung überwinden und in Schwingung kommen.

Übung

Singe alleine oder mit anderen, so oft sich dazu die Gelegenheit bietet. Höre auf die innere Melodie des Lebens und gib ihr durch den Leib und die Seele Ausdruck.

20
Offene Leitung oder Flasche

Es gibt zwei Arten von Leitungen: Die eine ist durchlässig, weil sie an beiden Enden offen ist, die andere hat zwar einen Eingang, ist aber unten zu und somit eine Flasche. Wo immer Menschen leiten oder geleitet werden, taucht dieses Problem auf. Es gibt immer wieder Situationen, bei denen Führungskräfte spüren, dass ihr Verhältnis zu denen, die sie führen, schlecht ist. Die Freude an der Zusammenarbeit verschwindet, Blockaden tauchen auf, die Energie fließt nicht mehr. In solchen Fällen ist meistens ein (dein eigenes?) Leitungsproblem die Ursache dafür, dass nichts mehr weitergeht.

Vollgas im Leerlauf?

Erhöhter Druck auf die Untergebenen löst dieses Problem nicht, sondern verstärkt es eher noch. Firmen neigen oft auch dazu, im Tunnelblick auf noch höhere Renditen sofort weitere Rationalisierungsmaßnahmen durchzuführen und Leute zu entlassen. »Als wir das Ziel gänzlich aus den Augen verloren hatten, verdoppelten wir unsere Anstrengungen«, schreibt Mark Twain. Vollgas im Leerlauf bringt tatsächlich nichts – weder im Betrieb noch in der Familie, weder im Verein noch im Gemeinderat.

Wissen und Erfahrung fließen lassen

Bei einer guten Leitung fließt die Energie frei durch. Diese Durchlässigkeit von Wissen und Erfahrungen erhöht die Leistung statt zu blockieren. Ein guter Chef informiert seine Mitarbeiter über Ziele und Methoden, damit alle wissen, worum es geht. So entstehen gute Beziehungen zwischen dem Leiter und den Mitarbeitern und unter den Kollegen. Das Verständnis für den gesamten Prozess wächst, selbst wenn der Einzelne an seinem Arbeitsplatz nur punktuell einen Beitrag zum Ergebnis leistet. Ein durchlässiger, transparenter Führungsstil regt die Kreativität aller an, die am Prozess beteiligt sind. Wo Energie fließt, entstehen neue Ideen und innovative Lösungen.

Der Blick auf den Körper eines Menschen ist dafür ein gutes Beispiel: Wenn im Leib die Energien ausgewogen fließen können, entfalten sich auch die Gefühle und der Geist in Harmonie.

Übung

Beobachte die Bedeutung des freien Durchflusses im eigenen Körper am Beispiel des Essens – vom Aufnehmen der Speisen über die Verdauung bis zum Ausscheiden.

21

Wer den Himmel auf Erden sucht, hat im Erdkundeunterricht nicht aufgepasst

Jeder Mensch sehnt sich im Grunde seines Herzens nach einer Welt ohne Streit und Armut, ohne Krieg und Unheil. Selbst das vordergründige Streben nach Wohlstand und äußerem Ansehen spiegelt die Suche nach einem heilen Leben wider. Leider ist die Realität ernüchternd: Auf Erden kannst du den Himmel nicht finden! Kein Glücksbringer, kein Guru, keine Ideologie und keine Religion können dir das Paradies geben, das sich viele Menschen als Lebenstraum erhoffen. Enttäuscht und verbittert wenden sich dann die Menschen oft ab – von sich selber, von anderen und natürlich auch von Gott. Doch unsere Welt ist wunderschön, auch wenn sie nicht vollkommen – und schon gar kein Paradies ist.

Keine Illusionen!

Viele Menschen wollen diese Realität nicht wahrhaben. Sie klammern sich an Illusionen und lassen sich leichtfertig – im Großen wie im Kleinen – von Ideologien, die ihnen den Himmel auf Erden versprechen, in die Irre führen. Nationalsozialismus, Kommunismus – die Geschichte ist voll von Beispielen, die in der Katastrophe endeten.

Aber auch im persönlichen Umfeld finden sich die Verlockungen, wenn magische Zirkel, Wunderheiler und falsche Propheten ihre Verheißungen anpreisen.

Hoffnung und Zuversicht

Die Menschen dürfen vor der Unvollkommenheit der Schöpfung nicht die Augen verschließen – und sollen den Himmel nicht im irdischen Leben anstreben. Das Ziel ihrer Sehnsucht liegt außerhalb unserer Welt, diese Vision gibt ihnen Kraft im Hier und Jetzt. Aus diesem Vertrauen schöpfen die Menschen Hoffnung auf die Unsterblichkeit ihrer Seele: eine Zuversicht, ohne die das Leben auf Erden sinnlos wäre. Wer sich diesem Glauben verweigert, liefert sich der Willkür von Mächten, äußeren Zwängen und Naturgewalten aus. In der Regel des heiligen Benedikt heißt es, dass die Sehnsucht der Menschen über den Tod hinaus erfüllt wird, wenn sie auf Erden – trotz aller Mühsal und allen Leides – an ihrer Hoffnung festhalten.

Übung

Setz dich an einen ruhigen Platz und schau in den blauen Himmel (nicht in die Sonne!).

Alles, was ihr
von anderen erwartet,
das tut auch ihnen.

Matthäus-Evangelium 7,12

22
Verhalten hat Auswirkungen

Egal was jemand tut: Sein Verhalten hat immer Konsequenzen – für ihn selber genauso wie für andere Menschen!

Wer aus der Autobahn rast, gefährdet sich und die anderen, die unterwegs sind. Falsches Verhalten am Arbeitsplatz hat Folgen für die Kollegen und für den Betrieb – und kann sogar dazu führen, dass die Entlassung droht. In der Familie kann das Zusammenleben nicht funktionieren, wenn der Einzelne in seinem Tun und Lassen die Beziehungen einer Gemeinschaft missachtet. Wenn die Mutter ihren Sohn mit Affenliebe verwöhnt und ihm jeden Wunsch erfüllt, erzieht sie das Kind zur Unselbstständigkeit und erschwert ihm den Start ins Leben. Wer sich nicht bewusst ist, dass das eigene Verhalten genauso wie das der anderen im Kleinen wie im Großen Auswirkungen hat, riskiert das Chaos im Leben.

Nicht verharmlosen!

Manche glauben, dass die Konsequenzen, die ihr Denken und Handeln nach sich ziehen, so folgenschwer nun auch nicht seien. Was soll denn daran schlimm sein, wenn man die leere Plastiktüte achtlos aus dem Autofenster wirft – eine Lappalie! Sie bagatellisieren ihr Verhalten gerne: Firmen, sagen sie, kippen ihren Restmüll ins Meer oder lassen Altöl im Boden versickern – was ist da schon mein harmloser Einzelfall! Sie wollen nicht wahrhaben, dass sie mit ihrem Verhalten gegen verbindliche Regeln verstoßen, ohne die keine Gemeinschaft leben kann.

Rücksicht auf die Gemeinschaft

Jeder Gedanke, jedes Gefühl hat Folgen – im Inneren des Menschen, in der Beziehung zu anderen und in der Umwelt. Verantwortungsbewusste Menschen achten deshalb auf ihr Denken und Tun. Sie machen sich und den anderen nichts vor, sondern sprechen falsches Verhalten und Verstöße gegen die Regeln offen an. Auf diese Weise wird auch zerbrochenes Vertrauen wieder hergestellt.

Keiner ist allein auf der Welt, deshalb muss jeder, egal was er tut, auf Einzelne, auf die Gemeinschaft und auf die Schöpfung Rücksicht nehmen, sonst zerstört er sich selber und die anderen. In der benediktinischen Regel wird ausdrücklich empfohlen, jedes Fehlverhalten schon im Keim wahrzunehmen und zu verändern.

Übung

Leere deinen Mülleimer eine Woche lang nicht aus – und schau dir die Auswirkungen an.

23
Neue Perspektiven

Das Leben stellt uns oft vor Situationen, in denen eine Entscheidung ansteht: Soll ich meinen Standpunkt beibehalten – oder muss ich ihn aufgeben, um neue Perspektiven zu eröffnen. Damit ist nicht gemeint, dass man seine Grundhaltung im Leben aufgibt oder gar sein Fähnchen in den Wind hängt, weil man gar keine Meinung hat. Dein eigener Standpunkt wird eher noch gefestigt, wenn du bereit bist, dich zu bewegen und das Problem auch aus einem anderen Blickwinkel zu sehen.

Starre Haltung verhindert Entfaltung

Ein Problem kannst du erst durchschauen, wenn du es von verschiedenen Seiten betrachtest. Ein unverrückbarer Beobachtungspunkt verstellt oft den Blick auf wichtige Wahrnehmungen. Wer auf alle Zeiten und in jeder Lage stur auf seiner einmal gefassten Meinung beharrt, sondert sich vom Leben ab, bleibt in der Entwicklung stehen – und erstarrt.

Bereitschaft zur Veränderung

Eine indianische Weisheit sagt, dass man, um den anderen verstehen zu können, erst einmal einen Monat lang in dessen Mokassins laufen muss.

Natürlich ist eine von lebenslangen Erfahrungen geprägte Grundhaltung wertvoll, doch es gibt Situationen, die allein mit alten Verhaltensmustern nur schwer lösbar sind. Dann ist es gut, auf seine innere Stimme zu hören und zu einer Veränderung bereit zu sein. Natürlich ist es nicht einfach, die eigene Position aufzugeben, aber diese Bereitschaft erweitert den Horizont und kann Impulse für die weitere Entwicklung geben. Die vielfältigen Erfahrungen, die man im Leben sammelt, verhelfen dem Menschen zu Erkenntnissen und Einsichten. Bereit sein für Veränderungen bedeutet also nicht, dass man seine Erfahrungen leichtfertig über Bord wirft, sondern dass man sie immer wieder, auch ohne bedrohlichen Anlass, überprüft – und als Folge vielleicht eine alte, überholte Position aufgibt, weil dadurch neue Horizonte auftauchen. Die eigene Meinung, sagt der heilige Benedikt, soll man nicht stur, hartnäckig und ohne Rücksicht auf andere verteidigen, sondern immer wieder unter verschiedenen Blickwinkeln überprüfen.

Übung

Stell einen Gegenstand auf den Tisch und zeichne ihn. Dann setze dich auf die andere Seite des Tisches und zeichne den Gegenstand wieder. Du siehst zwei Seiten einer Sache. Das ist schon gut – doch es gibt noch weitere Ansichten, die zu einer neuen Einsicht helfen.

24

Leben wächst nur, wenn es geteilt wird

In den modernen Gesellschaften können die meisten ohne finanzielle Sorgen leben – doch dieser Wohlstand erweist sich zugleich als eine Falle, weil die Menschen glauben, dass sie ihr Leben ganz alleine schaffen. Oft steckt hinter dem bewusst gewählten Single-Leben auch die Angst vor dem Teilen – viele glauben sogar, sie hätten nichts, das man mit anderen teilen kann. Die Vereinzelung hat vor allem in den großen Städten ein Besorgnis erregendes Ausmaß angenommen.

Rückzug und Isolation

Der Rückzug in die eigene Isolation macht den Menschen beziehungslos – trotz ihres materiellen Reichtums sind viele Singles arm. Sie bleiben allein, damit sie auf andere nicht Rücksicht nehmen müssen – und teilen weder die Freude noch Krisen und Konflikte mit einem anderen Menschen. Doch in der Beziehungslosigkeit kann sich Leben nicht entfalten, weil man nur noch um sich selber kreist. Die vermeintliche Selbstbestimmung ist in Wahrheit die Angst und Unfähigkeit, Beziehungen einzugehen. Leben ist aber vor allem Beziehung.

Das Zusammenspiel

Leben wächst nur dann, wenn es geteilt wird – von Anfang an als Zellen im Mutterleib. Später erfüllt jedes Organ im Körper seine spezifische Aufgabe, aber es muss im Zusammenspiel mit den anderen Organen harmonieren, sonst wird der Mensch krank. Das Prinzip des Teilens und Anteilnehmens gilt aber nicht nur für den Körper, sondern auch für die Zustände der Seele: Der Mensch muss seine Freude, sein Glück, seine Ängste und Enttäuschungen, seine Trauer und seine Wut mit anderen teilen. Diese Erkenntnis ist ein Gesetz des Lebens – und die Voraussetzung dafür, dass sich der Mensch im richtigen Rhythmus entwickelt. Wenn Leben nicht mehr geteilt wird, ist es tot.

Übung

Nimm ein Buch in die Hand – und beachte, welche Teile deines Körpers an dieser einfachen Handlung beteiligt sind. Dann lies einen Satz und spüre, wie sehr er dich bewegt, freut oder ärgert. Wenn sich nichts bewegt, leg das Buch weg – es hilft nicht zum Teilen.

25

Leid ist nicht begründbar, sondern nur teilbar

Immer wieder stehen wir vor der Frage: Was ist Leid – und welchen Sinn hat es? Es ist schwierig, darauf eine Antwort zu geben. Leid wird nur durch das Leben spürbar, es gibt kein Leben ohne Leid. Damit ist wirklich tiefes Leid gemeint, nicht nur Wehleidigkeit.

Leid ist ein tiefes Empfinden der Seele und des Leibes. Es drückt sich auf vielerlei Weise aus, und immer betrifft es den ganzen Menschen. Deshalb ist Leid auch mehr als ein punktueller Schmerz, so weh er auch tut. Mit Leid verbindet sich ein Gefühl von Ausweglosigkeit. Wenn ein Mensch in seinem Leben verletzt wird, kann er die körperlichen oder seelischen Verwundungen heilen – im Leid scheint es für ihn keine Hoffnung zu geben.

Suche nach Ursachen und Schuldigen

Wenn du die Ursachen des Leides nicht kennst – die Sucht nach Drogen, die zerstörerische Depression, die Flutkatastrophe, das Bergunglück –, wie kannst du dann den Weg zum Heilen entdecken? Die Erklärungen, die man auf der Suche nach Ursachen oder Schuldigen findet, reichen aber meist nicht aus, um das Leid zu verstehen – so fügen sich die Menschen dem Schicksal und der

Verzweiflung, auch wenn sie einen Schuldigen oder Verursacher des Leides gefunden haben.

Das Leid teilen

Leid macht dem Menschen bewusst, wie einsam er sein kann. In dieser Erfahrung liegt zugleich der Schlüssel, wie man Leid aushalten kann: Man muss es teilen. Mit-Leid mit dem anderen ist die einzige Möglichkeit, wie der Betroffene es ertragen kann. »Einer trage des anderen Last«, sagte Jesus. Leid teilen im Gespräch, im Schweigen, im Gebet, im Handeln, einfach da zu sein für den anderen – es gibt viele Formen des Mit-Leidens. Um Leid mitzutragen, braucht man eine besondere Stabilität – weniger die Kraft der Starken, sondern eher die Erfahrung der scheinbar »Schwachen«, die selber schon Leid erlebt haben. Deren Solidarität mit dem Leidenden macht ihre Schwäche kostbar. Vielleicht liegt der Sinn von Leid auch darin, dass es sonst kein Mit-Leid, keine Barmherzigkeit in der Welt gäbe.

Übung

Erinnere dich an eine tiefe Leiderfahrung oder an einen Schmerz – und an die besten Wege, die dir geholfen haben, in dieser Situation nicht zu zerbrechen, sondern die dich gestärkt haben. Welche Menschen haben geholfen? Welche Gedanken waren hilfreich?

26

Gemeinsame Ideen sind leichter zu verwirklichen und nachhaltiger

Menschen fühlen sich wohler, wenn sie in der Gemeinschaft mit anderen leben. Auch Ziele lassen sich besser verwirklichen, wenn man sie gemeinsam verfolgt. Gespräche über die gleichen Ideen, das Hinterfragen und der Austausch geben dem Einzelnen auch mehr Klarheit über sich und seine persönlichen Ziele.

Keine Einzelgänge!

Einzelkämpfer akzeptieren einseitig nur die eigene Meinung und verrennen sich oft in ihren Zielen – der Globalisierungswahn in der Wirtschaft, der meist auf einsamen Entscheidungen am Schreibtisch beruht, ist das jüngste Beispiel für einen Irrweg. Nicht mehr die Menschen und der Wert ihrer Arbeit stehen im Mittelpunkt, sondern Kapitalflüsse, Steuervorteile, virtuelle Währungen und die Flucht in lasche Umweltauflagen bei der Produktion – die internationalen Konzerne haben keine gemeinsamen Ziele mit den betroffenen Menschen. Sie reden zwar von Kooperation und Austausch, aber ihr Prinzip ist Konkurrenzdenken und Rivalität – und sie ziehen ihre Globalisierung alleine durch. Dieses Prinzip ist natürlich nicht beschränkt auf Riesenunternehmen, auch im alltäglichen

Leben werden Ziele oft im Alleingang und kompromisslos realisiert. Dass, zum Beispiel, jedes Familienmitglied einen eigenen Fernseher bekommt, löst nicht das Problem der Unfähigkeit, sich gemeinsam auf ein Ziel festzulegen.

Miteinander reden

Dabei ist es viel effizienter, aufeinander zu hören, miteinander zu reden – und dann die Ziele gemeinsam zu verwirklichen. Allerdings bleibt es nicht aus, dass der Einzelne von manchen persönlichen Zielen abrückt, sie verändert oder ganz aufgibt – zugunsten der gemeinsamen Idee. Oft müssen dabei Probleme geklärt, Missverständnisse ausgeräumt und Kompromisse gefunden werden.

Übung

Einige dich mit deiner Familie, wo man den nächsten gemeinsamen Drei-Tage-Urlaub verbringen soll.

27
Sehnsucht nach Gastfreundschaft

Menschen sind ein Leben lang auf der Suche nach ihrem Zuhause. Sogar hinter dem weltweiten Tourismus steckt die Sehnsucht, im fremden Land freundlich aufgenommen zu werden und zu erfahren, dass kein Mensch auf der Welt für sich allein leben kann und will. Gastfreundschaft üben kann nur jemand, der selber bei sich ein Zuhause hat.

Gastfreundschaft als Geschäft

Viele Menschen wollen sich Gastfreundschaft für Geld erkaufen. Sie fliegen im Urlaub in ferne Länder oder machen daheim bestimmten Leuten Geschenke und Komplimente, um von ihnen eingeladen zu werden. Auch wenn sie selber wichtige Personen – den Chef, einen Prominenten, den künftigen Geschäftspartner – zum Abendessen oder zur Party bitten, ist der wahre Grund nicht Gastfreundschaft, sondern die versteckte Hoffnung auf Ansehen und materielle Vorteile. So wird Gastfreundschaft oft zum zweckgerichteten Verhalten, zu einem Geschäft.

Im Gast begegnet dir Gott

Gastfreundschaft beginnt im eigenen Haus. Wer anderen Menschen seine Tür öffnet, tut nicht nur dem Besucher etwas Gutes, sondern beschenkt sich auch selber. Der heilige Benedikt sagt, dass jeder Gastgeber eine Gotteserfahrung macht, weil ihm im Gast Gott begegnet. Diese Erkenntnis gibt der Gastfreundschaft ihre besondere Bedeutung – nicht nur bei Freunden und Verwandten, sondern auch als Staat gegenüber Flüchtlingen und Fremden, die als Zuwanderer ins Land kommen.

Die Begegnung mit anderen Menschen, das Gespräch, die Kommunikation, neue Erfahrungen – seit jeher hat Gastfreundschaft die Kultur der Menschen geprägt. Sie erweitert den Horizont des Verstandes und öffnet das Herz für Neues.

Übung

Lade einen Fremden zu dir ein und sprich mit ihm über sein Leben, sein Land, sein Denken, seine Erfahrungen und wie er sein Leben gestaltet.

28
Geistliches Leben fördern

Ist es überhaupt möglich, das geistliche Leben bei sich oder bei einem anderen Menschen zu fördern? Beim Körper ist es ziemlich einfach: Man gibt ihm warme Kleidung und gutes Essen, versorgt ihn mit Medizin, ermöglicht ihm Bewegung und Sport – all das ist auch sinnvoll. Doch wie lässt sich spirituelles Leben entwickeln?

Keine leichtfertigen Experimente

Manche beschäftigen sich mit der Spiritualität eines anderen Menschen deshalb nicht, weil sie meinen, das sei eine unberechtigte Einmischung in seine individuelle Privatsphäre. Aber darin drückt sich Resignation oder Desinteresse aus: Man glaubt, dass man den anderen Menschen gar nicht erreichen kann. Natürlich darf niemand mit Nagelschuhen in der Seele eines anderen umherlaufen – die »Unfälle« in Psycho-Seminaren und esoterischen Zirkeln hinterlassen oft schwere Schäden. Deshalb kann Zurückhaltung oft klüger sein als ein zu bedenkenloser Umgang mit allen möglichen, auch gut gemeinten Glücksverheißungen.

Meist scheitern die Experimente, die Gott oder das Glück auf Erden mit Gewalt entdecken wollen – das forsche, zielgerichtete Vordringen funktioniert nur selten.

Um bei sich oder bei anderen geistliches Leben zu fördern, muss vor allem darauf geachtet werden, dass man Gott selber erfährt – und nicht einen Guru oder einen Spezialisten für esoterische »Key-experiences«.

Absichtsloses Handeln

Die Grundregel bei der Förderung von geistlichem Leben ist scheinbar paradox: Man muss nämlich absichtslos handeln. Wer sich selber oder anderen Menschen etwas Gutes tut, soll sein Tun nicht mit einem bestimmten Zweck verbinden. Erst im zweckfreien Handeln kann Gott berührt und das geistliche Leben gefördert werden.

Absichtslos Gutes tun bedeutet: Anderen Menschen etwas zu essen zu geben, ihnen im Konflikt beizustehen, sich mit ihnen zu freuen – doch keine Gegenleistung zu erwarten! Zum geistlichen Wachstum gab Jesus ein Beispiel, als er sagte: »Was ihr dem geringsten meiner Schwestern und Brüder getan habt, ohne dass sie und ohne dass ihr es selbst gemerkt habt, das habt ihr mir getan.« Ähnlich äußert sich der heilige Benedikt bei den Werken der Barmherzigkeit.

Übung

Um Absichtslosigkeit zu üben, setzt du dich hin und achtest auf deinen Atem, wie er kommt und geht, und nimmst deinen Herzschlag wahr. Das alles geschieht ganz einfach.

Mit dem Maß,
mit dem ihr messt
und zuteilt,
wird auch euch
zugeteilt werden.

Matthäus-Evangelium 7,2

29
Auge um Auge, Zahn um Zahn

Seit jeher neigen die Menschen dazu, Gutes mit Gutem und Böses mit Bösem zu vergelten. Dieses scheinbare Gerechtigkeitsprinzip birgt in sich die Gefahr, dass es im Leben zu keiner Entwicklung kommt, sondern zur Stagnation. Die Geschichte lehrt, dass es nie eine Aussöhnung gibt, solange sich Völker für erlittenes Unrecht immer wieder revanchieren.

Aber dieses Denken verhindert nicht nur zwischen Staaten den Frieden, auch in den Familien, im Betrieb, in Vereinen und in der Schule zerstört der Grundsatz »Auge um Auge, Zahn um Zahn« die Beziehungen im Leben – es ist ein fantasieloses Denken, weil man damit nur den Misserfolg wiederholt, statt neue, kreative Lösungen zu suchen.

Spirale der Gewalt

»Fluch nicht mit Fluch vergelten«, empfiehlt der heilige Benedikt in seiner Ordensregel und warnt davor, zerstörerisches Denken mit schlechten Gedanken und bösem Reden heimzuzahlen. Das bedeutet nicht, dass man zu allem Ja und Amen sagt oder sich nicht wehren darf gegen Unterdrückung. Manchmal muss man sogar Gewalt anwenden, um einen Verbrecher zu überwältigen oder kriegerische Überfälle einzudämmen. Aber eine dauerhafte Lösung ist selbst diese berechtigte Gegenwehr nicht, weil sie die Spirale der Gewalt weiterdreht.

Unrecht ertragen

Die Lösung des Problems ist schwierig und meist schmerzhaft; denn du darfst nicht zurückschlagen, sondern musst das Unrecht ertragen. Dabei soll die Gewalt nicht verniedlicht oder gar ignoriert werden – sie ist geschehen und muss dem, der sie angewendet hat, bewusst gemacht werden. Aber du erträgst das Unrecht – und zahlst nicht mit gleicher Münze zurück. Schlechten Gedanken setzt du positive entgegen, auf üble Nachreden antwortest du mit einem guten Wort, bewusste Verletzungen versuchst du zu heilen. Oft entsteht dann der Eindruck, man ist der Dumme, der Verlierer, aber das musst du aushalten, weil sonst der Teufelskreis nie durchbrochen wird. Denn der spirituelle Weg, den du gehen musst, um die Gewaltspirale zu beenden, hat ein klares Ziel: die Versöhnung. Dieses Vergeben und Verzeihen gilt auch im Umgang mit sich selber.

Übung

Mach dir eine Situation bewusst, in der du verletzt wurdest und Rachepläne geschmiedet hast – und versuche, dem zu verzeihen, der dir das angetan hat.

30
Konsequenz und Güte

Jeder hat es wahrscheinlich schon selber erlebt: Man sieht in einer Beziehung dem Ehegatten, dem Kind, dem Arbeitskollegen ein Fehlverhalten nach und meint, das sei großzügig, verständnisvoll oder gar barmherzig – dabei ist man nur seiner falsch verstandenen Güte auf den Leim gegangen, weil ein klares Wort besser gewesen wäre. Wenn daheim der Bub jetzt Fernsehen möchte und erst danach die Hausaufgaben machen will, sollte der Vater oder die Mutter unmissverständlich entscheiden: erst die Arbeit, dann das Vergnügen! Diese Konsequenz stört weder die Liebe zum Kind noch ist sie übertriebene Härte.

Nicht nörgeln!

Es ist zu spüren, wenn das rechte Maß zwischen konsequentem Verhalten und Güte nicht mehr stimmt. Aber wir wollen uns mit dieser Störung nicht bewusst auseinander setzen, sondern verniedlichen die Folgen. Häufig fangen wir auch an, am anderen herumzunörgeln – und uns selber damit zu trösten, dass man es halt nicht schafft, etwas zu verändern. Wer zu Verabredungen immer zu spät kommt, macht aus seinem Fehlverhalten nicht selten eine Originalität – »so bin ich halt!« Und doch spüren wir die Verletzung.

Klarheit im Denken und Handeln

Um beim Umgang mit Menschen Güte oder klare Entscheidungen richtig einzusetzen, muss man stets die Zeit und die Umstände berücksichtigen. Der Schwips nach einem Kegelabend erfordert wohl von der Ehefrau keine drastischen Konsequenzen. Aber mancher Alkoholiker schlitterte in die Sucht hinein, weil sein Partner die immer häufiger aufgetretenen Räusche verharmloste, statt mit ihm rechtzeitig ein offenes, klärendes Gespräch zu führen und über hilfreiche Maßnahmen nachzudenken. In solchen Fällen ist die einzige Form von Barmherzigkeit die Klarheit. Dieses Prinzip lässt sich auch auf andere schwierige Situationen übertragen, die nur durch konsequentes Handeln gebessert werden können – das Erziehen zu Pünktlichkeit, Nichtdulden von Unordnung, Maßnahmen gegen schludrige Arbeit, die Übernahme von Verantwortung und vieles mehr. Beim heiligen Benedikt heißt es, der Abt soll mit Klarheit und Milde auf seine Brüder zugehen und sie je nach den Umständen ermuntern oder zurechtweisen.

Übung

Putze bewusst die Fenster in deiner Wohnung oder im Auto, damit du wieder klare Sicht hast.

31

Niemanden diskriminieren

Leider neigen wir dazu, andere zu bewerten, zu beurteilen. Aufgrund von Erfahrungen, die wir in der Vergangenheit gemacht haben, bilden wir uns ein Vorurteil, von dem wir nicht mehr abgehen. Dabei lassen wir außer Acht, dass sich jemand im Laufe seines Lebens ändern kann. So werden Menschen, Einstellungen und Meinungen in Schubladen abgelegt – und das einmal gefasste Urteil wird zum dauerhaften Vorurteil, das die betroffenen Menschen diskriminiert. Die Entlarvung eines russischen Drogenhändlers führt dann dazu, dass man alle Russen für kriminell hält und damit die riesige Mehrheit eines Volkes verletzt. Ähnlich werden Flüchtlinge und Asylanten missachtet, nur weil über eine Straftat, die ein Einzelner beging, in der Zeitung berichtet wurde.

Die Beispiele ließen sich lange fortsetzen.

Angst vor dem Fremden

Es ist erstaunlich, wie viele Menschen ihre Vorurteile »pflegen«, weil sie glauben, dass dadurch Sicherheit in ihr Leben kommt. Das Schubladen-Denken macht scheinbar ihr ganzes Leben einfacher, transparenter – und schützt sie vor ständigen Auseinandersetzungen mit dem Fremden, dem Ungewissen, dem Wandel.

Aus Angst vermietet so jemand dem Weißrussen die Wohnung nicht, dem Vorbestraften verweigert er die Anstellung im Betrieb, der Tochter redet er den dunkelhäutigen Freund aus. Dass er damit sein eigenes Leben einengt, ist ihm nicht bewusst.

Ehre und Würde erweisen

Ob Direktor oder Arbeitsloser, ob Schwarzer oder Weißer, ob Serbe oder Amerikaner, ob Jugendlicher oder Greis – jeder Mensch verdient es, dass man ihn achtet, ihm als Mensch die Ehre erweist und ihm eine Chance gibt. Der heilige Benedikt schreibt in seiner Regel, dass man allen Menschen die gleiche Ehre und Würde erweisen soll. Wer im anderen, im Fremden wirklich den Menschen sieht und unvoreingenommen auf ihn zugeht, fördert zugleich auch seine eigene Entwicklung. Die angstfreie Beziehung, die er in diesem Augenblick mit dem Unbekannten aufnimmt, tut seiner Seele gut. Und der heilige Benedikt sagt überdies, dass uns in jedem Fremden Gott begegnet.

Übung

Jemanden, den man nicht näher kennt, zum Gespräch, vielleicht zum Essen einladen – und durch die Gastfreundschaft den Fremden bewusst kennen lernen.

32

Gift nur in homöopathischer Dosierung

Wir sind dauernd einer Überdosis vielfältiger »Gifte« ausgesetzt: Elektrosmog, Informationsflut, Lärm, Umweltgifte, Medikamente, Geschmacksverstärker, Farb- und Konservierungsstoffe in den Lebensmitteln, gespritztes Obst und Gemüse – und zusätzlich die zerstörerischen Emotionen, die sich als Hass und Neid, als Habsucht, Geiz und Stolz in die Seele fressen. In homöopathischen Mengen können Gifte dem Menschen helfen, aber im Übermaß sind sie schädlich. Sonnenstrahlen tun gut, doch die Überdosierung erzeugt Hautkrebs, ein Glas Wein schmeckt und ist bekömmlich, aber das Übermaß macht krank und süchtig. Moderne Gesellschaften scheinen für Überdosierungen jeder Art ein fruchtbarer Nähboden zu sein – auch die Erfolgsprämien für Topmanager haben alles rechte Maß verloren.

Überdosis ist nicht Schicksal

Viele Menschen meinen, gegen die »Gifte« kann man nichts machen, nehmen sie als Schicksal hin, das man halt aushalten muss – und bekämpfen mit der einen Überdosis die andere, zum Beispiel den Stress in der Arbeit mit einer Schlaftablette für die Nacht oder den übermäßigen Zigarettenkonsum mit einer Überdosis Sport im Fitness-Studio und mit Vitamintabletten.

Rückkehr zur kleinen Dosis

Überdosierungen sollten nicht schlagartig, sondern schrittweise auf ein gutes Maß zurückgeführt werden. Die Rückkehr zur kleinen Dosis ist heilsam – lediglich bei Suchterkrankungen ist der sofortige Entzug (mit ärztlicher Hilfe) hilfreich. Außerdem ist es unerlässlich, sich mit den Ursachen der Selbstvergiftung auseinander zu setzen. Aus Erfahrung weiß man, dass hinter jeder Sucht eine Sehnsucht steht – nach Leben. Das Erkennen deiner Sehnsucht öffnet dir den Weg zur Heilung.

Übung

Schenk dir ein Glas guten Wein ein und genieße ihn in Ruhe sehr bewusst – und freue dich über dieses Geschenk.

33

Es gibt keine Dummheit, in der nicht auch ein Stückchen Weisheit liegt

Oft mühen sich Menschen mit Fleiß, mit Engagement und gutem Willen ab, um im Leben etwas zu tun, das dumm und völlig überflüssig erscheint. In unserer überregulierten Bürokratie kommt, zum Beispiel, die Dummheit mit immer neuen Namen daher – über Hunderte von Gesetzen, Vorschriften und Verordnungen kann man nur den Kopf schütteln.

Vernünftige Argumente bleiben erfolglos

Leider ist es ziemlich erfolglos, wenn man andere Menschen mit rationalen Begründungen von ihren Dummheiten abhalten will. Denn viele Ratschläge klingen sehr überheblich und gehen den Betroffenen schnell auf den Geist – die Warnung vor dauerndem Fast-Food, der Appell gegen Übertreibungen im Sport, der Hinweis auf die Lungenkrebsgefahr durchs Rauchen, die Abkehr von einer fünffachen Betriebsstatistik. Mit Argumenten des Verstandes lassen sich die meisten Menschen nicht vor Dummheiten bewahren.

Spuren des guten Willens suchen

Klüger ist es, sich in den anderen hineinzuversetzen – in seine Motive und Gedanken, warum er etwas so oder anders macht. Wahrscheinlich findet man in dieser Auseinandersetzung Spuren des guten Willens, die den anderen bewogen haben, sich für einen bestimmten Weg, eine Handlung zu entscheiden. Dieses Körnchen Weisheit oder Liebe zu finden, das seinen (vielleicht dummen!) Entschluss ausgelöst hat, ist eine große Einsicht. Sie hilft zu verstehen – nicht zu verurteilen! – und manchmal auch zu verändern.

Übung

Denke darüber nach, wann und wo dir eine wirklich dumme Aktion oder Handlung begegnet ist – und versuche, die Weisheit zu erkennen, die dahinter steckt.

34
Was ist Führung?

Wer die Aufgabe hat, Menschen zu führen, darf weder zu leutselig sein noch sich anbiedern oder aus der Isolation heraus nur Kommandos geben. In beiden Fällen ist das Chaos vorprogrammiert.

Ein guter Vater, der geachtete Firmenchef, der umsichtige Vereinsvorsitzende, der erfolgreiche Fußballtrainer – sie alle brauchen zur Führung auch die Fähigkeit, sich zu wandeln. Jeder macht in seinem Leben ständig neue Erfahrungen, die er auf seinem künftigen Weg gut gebrauchen kann. Es wäre unklug, diese Einsichten nicht auch in die eigenen Führungsgrundsätze einzubeziehen.

Die innere Kündigung

In den Chefetagen sitzen auch Männer und Frauen, die aus Furcht vor Veränderungen an ihren selbst verordneten Führungsprinzipen für alle Zeiten starr festhalten. Sie weichen keinen Millimeter von ihren Grundsätzen ab und übersehen dabei, dass die Mitarbeiter die Anordnungen teilnahmslos und ohne Freude befolgen – ein Zustand, der auf Dauer nicht nur die betriebliche Leistung mindert, sondern auch den Mitarbeiter in dic innere Kündigung zwingt. Beide, der Leiter und der Geführte, fühlen sich unverstanden, isoliert und in der Entfaltung behindert –

eigentlich ist das Chaos schon ausgebrochen, auch wenn scheinbare äußere Ruhe herrscht.

Bereitschaft zum Wandel

In diesen ernsten Führungskrisen kann nur Besserung eintreten, wenn sich alle beteiligten Menschen wandeln, indem sie bereit sind, wechselseitige Beziehungen aufzunehmen. Gespräche können heilsam wirken, weil sie das Verständnis füreinander in Gang bringen und fördern. Wenn sich keiner der Beteiligten bewegt, sind Veränderungen und Wandel ausgeschlossen. Bei derart verhärteten Fronten ist der Bruch oder die Trennung wahrscheinlich die einzig sinnvolle Lösung – das gilt für den Betrieb ebenso wie für die Ehe, für die Arbeit im Verein oder beim sozialen Engagement. Doch Bruch und Trennung nützen nichts, wenn nicht ein Wandel im Denken, Fühlen, Reden und Handeln geschieht.

Übung

Wenn du dich auf eine Sache, ein Problem oder einen Menschen fixiert hast, schaue in die andere Richtung!
Nimm an einem Teppich auch die Unterseite wahr!
Wenn du nur vorwärts schaust oder gehst, schau und geh auch einmal zurück. Wenn du nur noch rückwärts gewandt lebst, schau nach vorne.
Und entdecke, dass du dich auf diesem Weg verwandelst.

35
Leitung braucht Kontrolle

Jeder, der für einen Lebensbereich, eine Arbeit verantwortlich ist, muss bereit sein, darüber Rechenschaft abzulegen. Das ist kein Zeichen von Misstrauen, sondern entspricht der Erkenntnis, dass Menschen unvollkommen sind und Fehler machen. Wer also eine Leitungsfunktion bekleidet, muss sich selber der Kontrolle unterziehen, weil sonst ein geordneter Prozess aus den Fugen geraten kann. Diese Einsicht ist auch für Angelegenheiten sinnvoll, die in der Familie geschehen, in Vereinen, in Bürgerinitiativen – überall dort, wo Menschen zusammenarbeiten, Positives leisten, aber auch Fehler machen können. Oft meint man, etwas gut zu machen – und ist blind für die Folgen. So entstehen Fehler.

Keine Ausreden

Wenn ein Fehler passiert ist, dann sucht der Betroffene häufig die Rechtfertigung mit Ausreden, die seinen Fehler beschönigen sollen. Die meisten Chefs reagieren auch falsch, weil sie sich den armen Kerl ziemlich herzlos »vorknöpfen« und bestrafen. Die Gardinenpredigt endet dann in persönlichen Vorwürfen und zerstört oft die weitere Zusammenarbeit. Viele Leitende nehmen Fehler zum Anlass, um die Kontrollen so zu verschärfen, dass regelrechte Staus und Blockaden entstehen. Andererseits ist aber auch die

Bagatellisierung von Fehlern verkehrt, weil sich ein gefährlicher Schlendrian einschleicht, der neue Fehler erzeugt.

Kontrolle fördert das Leben

Kontrolle ist notwendig, um einen Lebensprozess nicht zu gefährden. Auch der heilige Benedikt weist mehrfach auf die Rechenschaftspflicht der Verantwortlichen in einer Gemeinschaft hin. Sie darf jedoch nicht in kleinliches Nachspionieren ausarten, sondern soll eine Maßnahme sein, die jeder Verantwortliche von sich aus durchführt, um zu größerer und besserer Einsicht zu kommen und Schaden zu verhüten. Wichtig auch: Nach gemachten Fehlern sollen alle Beteiligten gemeinsam nach sachlichen Lösungen suchen, um künftige Wiederholungen zu vermeiden.

Nicht nur im Geschäftsleben, auch in der Familie ist jeder für bestimmte Aufgaben verantwortlich – und muss darüber Rechenschaft geben. Die Mutter würde dem Drittklässler den Start ins spätere Leben erschweren, wenn sie nicht seine Hausaufgaben kontrolliert und darauf achtet, dass der Bub ordentlich lernt – das ist kein Misstrauen, sondern Hilfe und Förderung fürs Leben.

Übung

Lege selber jeden Abend Rechenschaft über dein eigenes Denken und Handeln ab. Das hat nichts damit zu tun, sich selbst ein schlechtes Gewissen zu machen, sondern dankbar zu sein für alle Lebenserfahrungen. Die Mönche sagen: Gewissenserforschung ist vor allem Lob und Dank für das Leben.

*Euer Ja sei ein Ja,
euer Nein ein Nein –
alles andere stammt
vom Bösen.*

Matthäus-Evangelium 5,37

36
Es ist schwer, authentisch zu sein

Es gibt immer seltener Menschen, bei denen man spürt, dass ihr Leben echt ist, ohne Bruch zwischen Denken und Handeln. Häufig ist sich aber ein Mensch gar nicht bewusst, dass sein Verhalten nicht authentisch ist. Vielleicht geht die Frau in guter Absicht eine Zweierbeziehung ein und weiß nicht, dass sie einen Vaterkomplex hat – und in Wahrheit beim anderen nur Schutz oder äußere Sicherheit im Leben sucht. Andere Menschen schauen ängstlich weg, statt dass sie sich mutig einer Ungerechtigkeit oder Lüge stellen. Ganz verführerisch sind Schmeicheleien, mit denen man sich selber oder anderen einen Schwindel bestätigt. Und wie viele Menschen engagieren sich im Gemeinderat oder im Verein, ohne dass ihnen bewusst wird, dass sie es letztlich nur aus eigener Eitelkeit tun, weil sie gerne bewundert werden wollen und Selbstbestätigung brauchen.

Gute Miene zum bösen Spiel?

Wer sich ständig etwas vormacht, behindert sein Leben. Oft entsteht das Auseinanderklaffen von Denken und Handeln auch aus falscher Rücksichtnahme. Um den Gastgeber nicht zu verletzen, erfinden eingeladene Gäste oft Notlügen, um die Party nicht besuchen zu müssen. Andere machen gute Miene zum bösen Spiel, nehmen die Einladung an und verleugnen damit sich selber und auch die anderen. Es gibt viele Anlässe, bei denen man wissentlich oder unbewusst Zwänge und Normen akzeptiert, die man innerlich ablehnt. Aber es macht keinen Sinn, zum Beispiel widerwillig zu Einladungen zu gehen – und dort alle spüren zu lassen, dass man die Veranstaltung und das Drumherum im Grunde seines Herzens verachtet.

Zurück zu sich selbst

Der heilige Benedikt gibt Menschen, die authentisch und aufrichtig leben wollen, den Rat: Halte dich vom Treiben der Welt fern! Die Distanzierung von vielem Äußeren und die Rückkehr des Menschen zu sich selber sind die Voraussetzung dafür, dass es zwischen Denken und Tun, zwischen Herz und Mund keinen Konflikt gibt. Es braucht manchmal Mut und Fingerspitzengefühl, wenn man auf bestimmte Termine und Ereignisse des Lebens verzichten möchte – und diese Freiheit der ehrlichen Entscheidung muss man auch allen anderen zugestehen, wenn es um die eigenen Wünsche und Einladungen geht.

Übung

Bei der nächsten Antwort auf einen Brief, beim nächsten Anruf, bei der nächsten E-Mail achte darauf, ob du authentisch, echt und klar sein kannst.

37
Wasser predigen, Wein trinken

Viele Menschen geben gute Ratschläge, doch in ihrem eigenen Leben befolgen sie sie nicht. Das heißt: Sie sind nicht authentisch! Man kennt das Beispiel von dem Arzt, der seinem Patienten das Rauchen verbietet, aber selber eine Zigarette im Mund stecken hat. Ähnlich ist es mit dem Vater, der den Kindern eine Moralpredigt wegen zu häufigen Fernsehens hält, aber selber jeden Abend bis Mitternacht vor dem Bildschirm hockt. Wasser predigen und Wein trinken – das gilt auch für den Firmenchef, der seiner Belegschaft strengstes Sparen verordnet und Entlassungen androht, zur selben Zeit aber einen luxuriösen neuen Dienstwagen kauft.

Dieses Verhalten ist eine Form von Lüge und Unaufrichtigkeit, die wie schleichendes Gift das Vertrauen zu anderen Menschen zerstört.

Die kleinen Schwächen

Die Glaubwürdigkeit eines Menschen bleibt auf der Strecke, wenn Reden und Handeln ständig auseinander klaffen. Viele sehen zwar diesen Konflikt bei sich, aber sie gehen nicht dagegen an. Sie rechtfertigen sich oft, indem sie ihre widersprüchliche Haltung zwar erkennen, aber als kleine Schwäche abtun, mit der man halt leben müsse. Dabei geht es nicht nur um die kleinen Schwächen, sondern um Unaufrichtigkeit und Inkonsequenz.

Wahrhaftigkeit im Leben

Authentizität im Leben verhindert, dass ich selber dauernd mit einem schlechten Gewissen herumlaufen muss. Es tut jedem Menschen gut, wenn er ohne Selbstlüge lebt, weil er dann auch mit anderen wahrhaftige und vertrauensvolle Beziehungen aufbauen kann. Deshalb ist es wichtig, darauf zu achten, dass Reden und Handeln übereinstimmen.

Wenn in wirtschaftlich schwierigen Zeiten im Betrieb streng gespart werden muss, oft sogar bis hin zu Lohnkürzungen, dann ist es ein Zeichen von Solidarität, dass auch die Manager ihr Gehalt reduzieren oder die Firmenautos eine Klasse tiefer angeschafft werden. Dann nämlich wird Wasser gepredigt – und von allen auch Wasser getrunken.

Denn nicht die Einschränkung ist das Problem, sondern die Unwahrhaftigkeit im Verhalten.

Übung

Ich achte heute darauf, ob das, was ich anderen rate, auch für mich selbst gilt – und ob ich bereit und fähig bin, das Gesagte auch zu tun.

38

»Ich bin völlig aus dem Häuschen – wie finde ich wieder nach Hause?«

Jeder kennt Situationen im Leben, in denen man überfordert ist, ratlos, verstört – und aus dem Häuschen. Es gibt Hektik, Geschrei, Schuldzuweisungen und Vorwürfe. Der innere Friede ist verloren gegangen. Manchmal zieht sich der Mensch sogar ganz zurück, lehnt Kontakte und Gespräche ab.

Übertriebener Aktionismus

Meistens reagieren Menschen auf diese innere Unordnung durch noch mehr Aktivität im Leben. Sie hecheln durch den Tag – und entfernen sich dabei immer weiter von sich selber. Es ist eine interessante Erfahrung, dass viele Menschen in solchen Situationen im wahrsten Sinne des Wortes ihr Haus verlassen und Hilfe von außen suchen. Nicht wenige wollen dann ihren Akku mit einem Wellness-Wochenende in einem Hotel oder mit ein paar Besuchen im Fitness-Studio wieder aufladen. Manche Chefs neigen auch dazu, alle möglichen Seminare zu buchen, um ihre innere Leere wieder aufzufüllen. Aber dieser erhöhte Aktionismus kann die Schwierigkeiten auf Dauer nicht beseitigen.

Zurückkehren zu sich

Um die innere Balance wieder zu finden, muss der Mensch in »sein eigenes Haus« zurückkehren und sich mit der Frage auseinander setzen, warum er es verlassen hat. Fast immer waren es nämlich Emotionen, Unordnung und Ängste, die sich in seiner Seele aufgestaut haben – und die er nicht mehr bewältigen konnte. Aber Flucht, Fitness-Geräte und erhöhter Arbeitseinsatz können diese Probleme nicht lösen. Das zu erkennen, ist schon der erste Schritt auf dem Weg zurück zu sich selber. Der Mensch muss in seinem Leben aufräumen und lernen, mit sich wieder umzugehen – und zwar mit all seinen Fehlern und Schwächen. Dazu gehört auch, dass er sich von vielem, das sich angesammelt hat, trennt. Gott hat in jedem Menschen einen heiligen Raum geschaffen, der ihm allein gehört und in den keine äußeren Probleme eindringen können – dessen muss sich der Mensch wieder bewusst werden. Aus dieser Geborgenheit heraus kann er dann auch die Schwierigkeiten meistern, die ihn belasten und bedrücken. Ohne die Rückkehr in diesen inneren, heiligen Raum ist es kaum möglich, die Balance im Leben zurückzugewinnen.

Übung

Setz dich eine halbe Stunde lang an einen stillen Ort und nimm in dir den heiligen Raum wahr, den Gott dir gegeben hat.

39

Vom Reden und Handeln

In seiner Regel schreibt der heilige Benedikt, die Mönche müssen »dem Abt in allem, was er sagt, gehorchen – selbst dann, wenn er anders handelt«. Diesen scheinbaren Widerspruch erleben viele Menschen in ihren Alltag: Wenn ein Vorgesetzter ständig Termine vergisst, aber von seinen Mitarbeitern strengste Disziplin verlangt, wenn der Arzt dem fettleibigen Patienten mehr Bewegung verordnet, selber aber nichts gegen das eigene Übergewicht tut, wenn die Frau von ihrem Ehemann mehr Zärtlichkeit wünscht, aber selber dauernd nörgelt. Auch die Terroranschläge der jüngsten Zeit sind dafür ein Beispiel: Verblendete Muslime lobpreisen die Größe Allahs – und zerstören im selben Augenblick ihr Glaubensbekenntnis, indem sie unschuldige Menschen töten. Reden und Tun stimmen nicht überein.

Mit der Mogelpackung durchs Leben?

Es wäre falsch, würde man einen sinnvollen Rat ablehnen, nur weil derjenige, der ihn gab, ihn selber nicht vorlebt. Die wahrgenommene Zwiespältigkeit darf nicht dazu führen, dass man in Resignation verfällt und sich dem Leben verweigert. Manche trösten sich auch gerne damit, dass sie als unvollkommene Menschen in vielen Situationen durchaus ein Auge zudrücken dürfen – und akzeptieren die Mogelpackung, mit der sie nach ihrer Meinung ganz gut leben können. Das ist ein Trugschluss, weil man sich selber anlügt – mit der Gefahr, dass daraus ein tiefer Lebenspessimismus entsteht, der langfristig das Vertrauen ins eigene Leben zerstört.

Die spirituelle Weisheit

Das gute Wort und der sinnvolle Rat müssen immer beachtet werden. Sich daran zu halten, ist eine große spirituelle Weisheit – selbst wenn der, von dem der Ratschlag stammt, unglaubwürdig ist, weil er im Leben anders handelt. Man darf sich nicht aus Enttäuschung vom guten Rat abwenden, nur weil er aus dem Mund von Pharisäern kommt, die das Gegenteil von dem tun, was sie sagen.

Übung

Denke an jemanden, von dem du enttäuscht worden bist, weil er dir einen Rat gab, den er selber nicht befolgte. Nimm dann das gute Wort in dich auf und löse darin deine Enttäuschung auf, bis die Fehlhaltung des anderen verschwunden ist.

Leichter ist es,
den Splitter im Auge
des anderen zu sehen
als den Balken
im eigenen Auge.

Matthäus-Evangelium 7,1–5

40

Der Splitter im Auge des anderen – und der Balken im eigenen Auge

Wir Menschen neigen dazu, Fehler und Schwächen bei den anderen sofort zu entdecken, sie bei uns selber aber nicht zu sehen – jeder kennt das biblische Wort vom Splitter im Auge des anderen und vom Balken im eigenen.

Im Alltag sind die Beispiele oft von scheinbar geringer Bedeutung. Wer ertappt sich schon selber dabei, dass er dem Freund ständig ins Wort fällt – und andere maßregelt, die ihn unterbrechen. Eine Mutter, die das unaufgeräumte Zimmer der Tochter kritisiert, ist unglaubwürdig, wenn auf ihrem eigenen Schreibtisch sichtbare Unordnung herrscht. Viele werfen Politikern vor, dass sie ihren Sonntagsreden keine Taten folgen lassen – und übersehen, dass sie sich selber vor jedem Engagement drücken.

Eigene Schwächen nicht verdecken

Manche haben diese Schwäche bei sich erkannt und glauben, dass es am Besten sei, künftig den Mund zu halten und andere nicht mehr zu kritisieren, damit die eigenen Schwächen verborgen bleiben. Um sie nicht beseitigen zu müssen, akzeptieren sie dann Zähne knirschend die Unordnung im Kinderzimmer und das nervige Dazwischenreden während der Unterhaltung.

Dankbar für die Erkenntnis

Spirituelle und psychologische Erfahrungen zeigen: Was einem beim anderen negativ auffällt, ist meist auch eine Schwäche bei sich selber. So wird der Splitter im Auge des anderen zum Mini-Spiegelbild, in dem man die eigene Schwäche erkennt. Das Wahrnehmen eines Fehlers bei einem anderen Menschen sollte sofort den Blick auf dich selbst richten, um deine persönlichen Schwächeanteile zu erkennen – und etwas zu verändern. So kann man sich vor seiner eigenen Blindheit schützen. Mehr noch: Für das Erkennen eines Fehlers beim anderen sollte man dankbar sein, weil es dadurch möglich wird, an sich und seinen Unzulänglichkeiten zu arbeiten. Der Splitter im Auge des anderen Menschen wird zur Hilfe für die Entwicklung des eigenen Lebens.

Übung

Schau einige Minuten lang in einen Spiegel und entdecke die Schatten in deinem Gesicht. Du bist so liebenswert, weil auch Schatten in deinem Gesicht sind.

41

Dein Vogel ist selten der heilige Geist

Ein alter Pfarrer hatte in seinem Zimmer einen Wellensittich. Wenn jedoch ein Besucher eintrat, stellte der Pfarrer den Vogelkäfig immer hinaus auf den Flur, damit das Gespräch mit dem Gast nicht gestört wurde. Dahinter steckt eine einfache, aber große Weisheit: Wenn jemand ein Anliegen vorbringen möchte, muss er Zeit haben, um seine Gedanken ausreifen zu lassen – er darf nicht ständig unterbrochen werden.

Der vorlaute Vogel im eigenen Kopf

Viele Zuhörer schaffen es nicht, sich zurückzunehmen und den Vogel im eigenen Kopf ruhig zu stellen. In guter Absicht mischen sie sich dauernd in die Schilderung des Gesprächspartners ein und meinen, sie wüssten schon nach kürzester Zeit die hundertprozentige Lösung des Problems. Meistens haben sie sich sogar schon ein Urteil gebildet, bevor der andere mit seinen Ausführungen fertig ist. Vorlaut zwitschert dann der eigene Vogel schnelle Ratschläge aus dem Hirn heraus – in der falschen Annahme, die Äußerungen des eigenen Vogels hätten die Qualität des Heiligen Geistes. Diese Überheblichkeit verhindert jedes offene, unvoreingenommene und tiefe Gespräch.

Zuhören und aufmerksam schweigen

Der spirituell richtige Weg ist es, dass man den Freiraum beachtet, in dem sich ein Gespräch oder die Berührung mit dem anderen entwickeln kann. Das erfordert Zuhören, Aufmerksamkeit, manchmal auch Schweigen. Es gibt keine andere Möglichkeit, um die eigenen Vorurteile und das Dazwischenzwitschern des Vogels zu unterbinden. Zu viel Reden ist dann eher schädlich, auch im Dialog mit Gott.

Übung

Beim nächsten Gespräch, das du führst, hörst du bewusst mehr zu, als dass du selber redest. Und beim nächsten Gebet schweigst du mehr, als dass du bittest und klagst – und nimmst wahr, was sich in dir entwickelt.

42

Den Fehler verurteilen, aber den Menschen lieben

Wenn irgendwo ein Fehler gemacht wird, stellt man den Schuldigen zur Rede – und verknüpft dabei häufig den Fehler mit der Person des Verursachers. Der Fehler und der Mensch sind eins – nach dieser Logik kanzeln Chefs ihre Mitarbeiter ab, bestrafen Väter und Mütter ihre Kinder.

Fehler nicht ignorieren!

Wenn Nachlässigkeit oder Pfusch bei der Arbeit dazu geführt hat, dass jemand verletzt wurde oder dass dem Betrieb viel Geld verloren ging, wenn in der Familie durch Fehler Unfrieden und Ärger entstehen, dann darf nichts vertuscht oder unter den Teppich gekehrt werden. Aber viele reagieren in solchen Situationen aus falsch verstandenem Harmoniestreben verkehrt und drücken immer ein Auge zu. Dann geht es nur noch um vordergründige Rechtfertigungen – und nicht mehr um die sachliche Auseinandersetzung mit dem Fehler. So wird die Schuld irgendwohin geschoben, und die wahre Ursache des Fehlers bleibt unerkannt und unbearbeitet. Dieses Versagen ist oft schlimmer als der gemachte Fehler selber, weil dadurch keine Besserung möglich ist.

Der Mensch hinter dem Fehler

Klüger ist es, gemeinsam mit dem Betroffenen zu sprechen und mit ihm nach Lösungen zu suchen, damit sich der Fehler nicht wiederholen kann. Das Fehlverhalten, eine Schwäche, eine Sünde – sie dürfen nicht verniedlicht werden. Man muss sie offen ansprechen. Aber es geht auch um den Menschen. Oft passieren Fehler – und die Ursache liegt weder an der Maschine, an der Schulaufgabe, am Ehepartner, sondern an Gründen, die im Inneren des Menschen zu finden sind: an Problemen in seinen Beziehungen, an Ängsten, die ihn quälen. Darüber mit dem »Schuldigen« zu sprechen und mit ihm zu versuchen, sein körperliches oder seelisches Problem zu finden, ist der spirituelle Weg, um Fehler künftig zu vermeiden. Damit wird der entstandene Schaden nicht toleriert oder hingenommen, als sei nichts geschehen. Aber der betroffene Mensch erhält eine Chance, sich zu entwickeln – und somit auch Fehler künftig zu vermeiden. Den Fehler verurteilen, aber den Menschen, der ihn gemacht hat, lieben – das ist die spirituelle Lösung.

Übung

Vertiefe dich in einen Fehler, den du einmal begangen hast – und überlege, was dir damals am Besten geholfen hätte, um die eigene Wunde zu heilen und den Fehler zu beseitigen.

43

Nicht nur um sich selbst kreisen

Ein Chef, der nur mit sich selber beschäftigt ist, erbringt kaum noch Leistung. Wenn der Firmenchef immer bloß sich sieht, stirbt jede Kommunikation mit den anderen. Wer als Führungskraft von einem Seminar zum anderen rennt, ohne die Erfahrungen an Mitarbeiter weiterzugeben, kreist nur noch um sich selber. Leitung verkümmert in solchen Fällen zur reinen Karriereplanung, die oft missglückt.

Diese Probleme finden sich ebenso in der Familie und in gesellschaftlichen Engagements. Wer kennt nicht einen Vater, der ohne Rücksicht auf die Interessen seiner Ehefrau und der Kinder egoistische Ziele verfolgt – oder den Gemeinderat, der bloß aus Geltungssucht mitarbeitet, um seine Eitelkeit zu bespiegeln.

Brachialer Führungsstil

Wenn sich dann in der Praxis Probleme und Konflikte einstellen, glauben die meisten Betroffenen, dass sie ihren Führungsstil noch brachialer durchsetzen müssen, um die Ergebnisse zu verbessern. Sie brechen oft jeden Widerstand, sind nur noch auf ihren eigenen Vorteil aus und sehen als Lösung bloß die rigorose Durchsetzung ihrer Anordnungen – und zerbrechen dann auch noch an sich selbst.

Spirituelles Führen von Menschen

Doch solche Führungsprobleme lassen sich lösen, wenn auf allen Ebenen die Beziehungen bewusst gefördert werden. Man muss miteinander offen sprechen: der Chef mit den Mitarbeitern, der Vereinsvorsitzende mit seinen Vorstandskollegen und den Mitgliedern, der Vater mit den Kindern. Durch neue Kommunikationsströme fließt wieder Energie.

Wer leitet, sagt der heilige Benedikt in seiner Ordensregel, muss Beziehungen herstellen – zu sich selber, zu anderen Menschen und zu Gott. Was Benedikt dem Abt empfiehlt, gilt auch im Leben außerhalb der Klostermauern: Erst wenn die Beziehungen stimmen, kann der Leiter Energie weitergeben.

Warum aber eine Gottesbeziehung, wenn es doch um Probleme zwischen Menschen geht? In jedem Menschen, ob Leiter oder Geführter, ist die Beziehung zu einer transzendenten Instanz, die von Christen Gott genannt wird, angelegt. Wer seine eigene Gottesbeziehung achtet und pflegt, wird auch seine Beziehung zu den Menschen verändern, weil er sie versteht und als Mitgeschöpf verantwortungsvoll behandelt – das ist Führung im spirituellen Sinn.

Übung

Sag zu dir selber »Ich glaube an Gott« – und spüre die Geborgenheit in ihm.

44

Auf der Schulter sitzt ein unsichtbarer Affe

Wenn ein Mensch in dein Zimmer eintritt, sitzt fast immer auf seiner Schulter ein unsichtbarer Affe – es ist ein Problem, ein Anliegen, das er mit dir besprechen will und von dem er hofft, dass du es lösen wirst. Du musst darauf achten, dass dieser Affe am Ende nicht auf deiner Schulter hockt, wenn der Besucher das Zimmer wieder verlässt, sondern dass er ihn wieder mitnimmt.

Muss man alles selber machen?

Die Menschen laden ihre Probleme gern bei anderen ab. Manche entwickeln dabei großes Geschick, sodass du gar nicht merkst, wie schnell der Affe plötzlich auf deiner Schulter hockt. Dann hast nämlich du das Thema am Hals und musst dir Gedanken machen, wie das Problem zu lösen ist. In der Firma, daheim in der Familie, im Verein – überall droht die Gefahr, dass man dir Affen auf deine Schultern setzt. Viele sträuben sich nicht einmal dagegen, sondern geben sich zufrieden mit der fragwürdigen Feststellung: »Alles muss man selber machen ...«

Den Affen wieder mitnehmen

Doch mit dieser Einstellung kannst du auf Dauer nicht leben. Du musst ganz bewusst aufpassen, dass du nicht jede Arbeit, jeden Auftrag und jedes ungelöste Problem übernimmst, sonst erstickst du an dem Pensum, das dir aufgeladen wird. Um dich zu schützen, bleibt dir meist nichts anderes übrig, als die Annahme der fremden Affen zu verweigern. Sag deinem Sohn, der Mutter, dem Arbeitskollegen oder dem Freund, er/sie soll beim Gehen den Affen wieder mitnehmen. Denn er/sie muss selber die Verantwortung übernehmen und über die Lösung der Schwierigkeit nachdenken. Beim nächsten Besuch kann er/sie einen Vorschlag mitbringen – darüber sprichst du dann mit ihm/ihr, sagst deine Meinung und hilfst mit deiner Erfahrung. Nur so kannst du verhindern, dass dir ständig fremde Affen auf die Schultern gesetzt werden – und dass du trotzdem mithilfst, um das Problem zu lösen.

Übung

Denke darüber nach, wer dir zuletzt einen Affen aufgesetzt hat – und erzähle ihm beim nächsten Besuch die Affengeschichte.

45
Rücksicht nehmen auf die Schwächen der anderen

Im Betrieb, im Sport, in der Schule, in Freundschaften und in der Familie – die Menschen werden häufig überfordert. Unter der Last der Erwartungen und der Verantwortung, die man ihnen aufbürdet, ist kaum noch eine freie Entfaltung möglich.

Unterschiedliche Talente

Die meisten Menschen sind für permanente Höchstleistungen nicht geschaffen – und scheitern. Das ist schlimm genug für Erwachsene und noch fataler für Kinder, denen zu viel (oder zu wenig, denn auch das kann ein Zuviel sein) abverlangt wird. Sie sammeln Erfahrungen auf ihrem Weg ins Leben, deshalb ist es unklug, sie mit den Maßstäben der Erwachsenen zu beurteilen. Doch auch Erwachsene dürfen nicht über einen Leisten geschlagen werden – zu differenziert sind ihre Talente. Es macht daher wenig Sinn, diese Unterschiede im alltäglichen Leben zu missachten und von allen die gleiche Leistung zu erwarten – gegebenenfalls sogar mit Zwangsmaßnahmen, um die Fähigkeiten des Betroffenen zu verbessern.

Das gute Maß beachten

In unserer Ellbogengesellschaft wird auf Schwache leider zu wenig Rücksicht genommen. Umso wichtiger ist es, bei sich selber die Ehrfurcht vor der Schwäche des anderen zu entwickeln. Diese Einsicht wird auch dazu führen, dass man den eigenen Maßstab nicht automatisch auf andere Menschen überträgt, sondern sie entsprechend ihren Fähigkeiten behandelt – und wegen ihrer Fehler nicht verachtet.

Übung

Nimm ein Kind oder einen alten Menschen an der Hand und gehe mit ihm, ohne zu drängen und zu hetzen, langsam eine Treppe hinauf und wieder herunter.

Leistet dem Bösen keinen Widerstand.

Matthäus-Evangelium 5,39

46

Kämpfe nicht mit dem Fahrrad gegen einen Panzer

Wenn du mit dem Rad auf einem schmalen Nebenweg fährst und es kommt dir ein Panzer entgegen, dann ist es ratsam auszuweichen. Im Leben gibt es viele Situationen, da ist die richtige Reaktion nicht so eindeutig erkennbar. Wenn ein Mensch mit Hindernissen oder Bedrohungen konfrontiert wird, muss man seine eigenen Kräfte und Fähigkeiten gut einschätzen, sonst endet der Vorfall in einer Katastrophe. Wer den Kampf mit einem Panzer aufnimmt, muss ausreichend gewappnet sein – andernfalls ist es klüger, die Auseinandersetzung zu vermeiden, sonst wird aus falschem Mut schnell Dummheit und Selbstüberschätzung.

Sich nicht zum Märtyrer machen

Manche neigen in gefährlichen Situationen zu Märtyrer-Lösungen: Sie stellen sich gegen den Panzer – und werden zermalmt. Aussichtslos ist es meist auch, mit dem Panzerfahrer eine Diskussion zu beginnen, in der Hoffnung, dass er ausweicht.

Gewalt ins Leere laufen lassen

Aber wie geht man mit Gewalt um? Die Geschichte lehrt, dass man durchaus Widerstand leisten kann, ohne Gewalt anzuwenden. Einzelkämpfer haben allerdings kaum Chancen, deshalb müssen sich die Menschen solidarisieren. Die friedliche Revolution in der kommunistischen DDR mit ihrem Waffen strotzenden System ist dafür das jüngste Beispiel – die Menschen rannten nicht blind in die Panzer hinein, sondern gingen gemeinsam auf die Straße und zwangen die Diktatur mit kluger Entschlossenheit zur Aufgabe. Gewalt kann überwunden werden, wenn man sie ins Leere laufen lässt.

Übung

Gehe einmal über eine belebte Straße und achte bewusst auf alle Möglichkeiten, wie du sie unverletzt überqueren kannst.

47

Grenzen sind Möglichkeiten

Grenzen werden meist als Hindernisse empfunden, weil sie scheinbar die persönliche Freiheit einengen. Deshalb gibt es in modernen Gesellschaften einen Trend, dem Einzelnen möglichst keine Grenzen zu setzen, damit er sich und seine Wünsche ungehemmt ausleben kann – mit der Gefahr, dass sich egozentrische Lebensformen immer mehr ausbreiten. Dieser Egoismus ist wie ein Krebsgeschwür. Auch Krebskrankheiten entstehen, wenn die Körperzellen nicht mehr ihre Grenzen erkennen und zügellos wachsen.

Mit dem Kopf gegen die Wand

Manche Menschen fühlen sich wohl, wenn sie zu ihrem Vorteil Grenzen missachten, aufweichen oder ihre Übertretungen beschönigen. Unklug ist es auch, gegen die wahrgenommenen Grenzen ständig mit Gewalt anzurennen. Natürlich soll man sich mit Grenzen auseinander setzen, doch es macht wenig Sinn, wenn man ständig selbstgrüblerisch die Hindernisse analysiert oder gar dauernd mit dem Kopf gegen die Betonmauer springt – sie ist meist härter.

Entfaltung von Leben

Im Umgang mit Grenzen ist es klug, seinem inneren Wissen zu vertrauen. Leben und Wachstum haben Grenzen – mehr noch: Sie brauchen sie. Grenzen sind sinnvoll, weil sonst ungezügeltes Wachstum das Leben gefährdet. Sie sind zugleich auch Möglichkeiten zu Entwicklung und Kreativität. Deshalb ist es für die Entwicklung des Lebens wichtig, Grenzen zu erkennen, sie zu beachten – und sie dankbar anzunehmen. Denn sie geben uns die Chance, Kreativität und Wachstum an Leib und Seele zu entfalten.

Übung

Nimm deinen Körper wahr und seine Grenze, deine Haut.
Sie ist zugleich Grenze und Kontaktstelle.
Ohne die Grenze ist keine Beziehung, keine Entwicklung möglich.

48

Gegensätze brauchen einander

Alltägliche Dinge können uns das Leben schwer machen oder erleichtern – manche bereiten Freude und bauen uns auf, andere zerstören oder bedrücken uns. Der Mensch bewegt sich ständig zwischen solchen Gegensätzen – in sich selber und gegenüber anderen. Seine Visionen und Träume stoßen auf die ernüchternde Realität des Lebens. Manche zerbrechen an den Gegensätzen im Leben, weil sie mit ihren Wünschen und Vorstellungen ständig gegen eine Mauer rennen.

Gegensätze nicht nivellieren

Die meisten Menschen wollen gütig sein, liebevoll und gerecht, doch immer wieder überkommt sie Zorn und Neid, Begierde und Stolz. Auch in der Auseinandersetzung Alt und Jung, Mann und Frau, Eltern und Kinder, Reich und Arm, Gott und Mensch erlebt man die Gegensätze des Lebens – und hat Mühe, damit fertig zu werden. Viele glauben, die Probleme lösen zu können, indem sie die Widersprüchlichkeiten nivellieren und verharmlosen. Sie wollen am liebsten sämtliche Ecken und Kanten abschleifen und alle Menschen, alle Erfahrungen gleichmachen. Aber Gleichmacherei leugnet die Wirklichkeit, weicht ihr aus.

Mit Gegensätzen achtsam umgehen

Natürlich muss man im Leben auch Kompromisse schließen. Toleranz bedeutet jedoch nicht, dass man aus falsch verstandener Rücksichtnahme alles vereinheitlicht, sondern das andere, das Fremde, das Gegensätzliche akzeptiert, versteht – und erträgt. Es ist ein Urprinzip des Lebens, dass echte Einheit dann entsteht, wenn Unterschiede sich berühren. Gegensätze sind ein Teil des Lebens. Sie treten auf als fremde Menschen, als Eigenschaften, als Gefühle – auch in sich selbst spürt man die Widersprüche. Der achtsame Umgang mit diesen Gegensätzen, vor allem die Erkenntnis, dass man sie für die Entwicklung des Lebens braucht, ist eine spirituelle Erfahrung, die dem Menschen gut tut und sein Leben fördert.

Übung

Stell dich ruhig hin, die Arme hängen locker herab, und spüre bewusst deinen Körper. Dann winkle die beiden Unterarme leicht an und wende dabei die Handflächen nach oben, als ob du etwas trägst. Jetzt drehst du deine Handflächen nach innen und bewegst sie langsam aufeinander zu, bis sie sich wie im Gebet berühren. Spüre der Wärme nach, die von den beiden Handflächen ausgeht, und atme tief und bewusst. Dann löse die Hände voneinander und lasse sie seitlich am Körper herabsinken. Diese Übung wiederholst du drei- bis fünfmal.

49
Die zerstörerischen Gedanken

Was soll man tun, wenn plötzlich schlechte Gedanken auftauchen? Wut, Hass, Neid, Zorn, Angst – auf einmal sind sie da und verdrießen dem Menschen die Freude am Leben.

Nicht gleich analysieren

Niemand kann diese belastenden Gedanken und Gefühle ignorieren. Doch die meisten Menschen, bei denen solche Fantasien scheinbar aus dem Nichts auftauchen, beschäftigen sich sofort damit. Das kann manchmal richtig sein, aber in der Regel führt es zu keinem guten Ergebnis, wenn man sich gleich in diese Emotionen hineinbohrt, sie analysiert und bewertet. Natürlich ist es richtig, sich mit seinen Gefühlen auseinander zu setzen, vor allem dann, wenn sich die negativen Gedanken immer häufiger einstellen – doch besser nicht sofort. Vielleicht ist es später sogar sinnvoll, mit einem Psychologen gemeinsam die Ursachen für die immer wieder aufkommenden Emotionen herauszufinden.

Am Felsen Christus zerschmettern

Die spirituelle Lösung dieses Problems wird beim heiligen Benedikt erkennbar, der sagt: »Böse Gedanken, die im

Herzen aufsteigen, am Felsen Christus zerschmettern und dem geistlichen Vater offenbaren!« Das bedeutet: Im Inneren jedes Menschen gibt es ein Fundament, an dem alles Böse zerbricht, wenn man es dorthin schleudert. In allen Religionen finden sich viele Rituale, bei denen das Böse symbolisch »weggeworfen« wird. Suche dir auch einen geistlichen Menschen, der dir einfach zuhört, wenn du ihm von deinen Emotionen berichtest. Wenn also beim Menschen zerstörerische Gedanken auftauchen, sollte man sie gar nicht erst annehmen und darüber nachsinnen, sondern sie sofort an den göttlichen Felsen werfen. Es ist eine große spirituelle Erfahrung, wenn man die schlechten Gedanken wirklich bewusst an Gott zerschmettert. Wenn Kinder von der Schule heimkommen, schmeißen sie den Ranzen in die Ecke und werfen ihre ganzen Probleme und Erlebnisse aus der Schule sofort der Mutter hin – eine intuitiv richtige Reaktion, um alles loszuwerden. Wie sich Kinder alle Sorgen sofort vom Leibe reden, ohne gleich Lösungen zu besprechen, so kann der Mensch seine schlechten Gedanken am göttlichen Felsen vernichten, ohne vorher lange zu grübeln.

Übung

Schreib dir alle Gedanken und Gefühle auf, die dir in der Stille auftauchen – und wirf bewusst den Zettel ins Feuer, das auf diese Weise zum Symbol für Christus werden kann.

50
Verzweiflung im Leben

Es gibt im Leben Situationen, da verzweifelt man, weil jede Hoffnung und alle Perspektiven verschwunden sind. In dieser Ausweglosigkeit fragen sich viele, ob es überhaupt einen Gott gibt, einen weisen Schöpfer, der das Leben in seinen Händen hält. Ängste, Schrecken und Depressionen bei sich selber, die sichtbaren Ungerechtigkeiten im privaten und beruflichen Umfeld, die weltweiten Katastrophen – viele finden auf die Frage nach dem Sinn des Lebens und der Schöpfung keine vernünftige Antwort.

Ein Teufelskreis

Es ist keine Lösung, wenn man in Bitterkeit nur noch um sich und seine Probleme kreist. Dabei kann es durchaus sinnvoll sein, in dieser verzweifelten Lage therapeutische Beratung anzunehmen, die von kirchlichen und sozialen Einrichtungen angeboten wird. Aber ohne Glauben an Gott kommt der Mensch aus diesem Teufelskreis nicht heraus.

Gott ist solidarisch

Hoffnung in dieser Verzweiflung gibt die Erkenntnis, dass Gott mit allen Menschen solidarisch ist. Er begegnet dir in jedem anderen, im Erfolgreichen und im Kranken, im

Armen und im Reichen, im Kind wie im Greis. »An Gottes Barmherzigkeit niemals verzweifeln«, sagt der heilige Benedikt in seiner Ordensregel – und meint damit: Zweifel sind zwar berechtigt, aber man muss wissen, dass Gott immer beim Menschen ist, dass er solidarisch mit ihm den Weg geht, auch über Steine und Hindernisse, durch Unglück und Leid. Es gibt kein glattes, unbeschwertes Leben, das nur Sonnenseiten und Erfolge kennt – auch das Dunkle, das Schwierige, der Kampf gehören dazu. Der Glaube an Gott ist die einzige Möglichkeit, in dieser unvollkommenen Welt zu überleben. Dieser Glaube kann rational nicht begründet und nicht bewiesen werden, aber er ist eine Realität, mit der selbst die tiefste Enttäuschung überwunden werden kann. Die Alternative dazu ist, nicht zu glauben – dann wird die Verzweiflung zum Gefängnis, aus dem man sich nicht mehr befreien kann. Es ist also nicht wichtig zu wissen, ob es Gott wirklich gibt. Entscheidend ist, ob du an Gott glaubst, selbst wenn es dafür keine rationale Begründung gibt. Im Ungläubigen erlischt jede Hoffnung – deshalb ist der Glaube an Gott die einzige Chance zu überleben.

Übung

Setz dich auf einen Stuhl und sag zu dir selbst: »Ich glaube an Gott«.

51

Verwandlung von Schmerz

Schmerz ist ein wichtiges Zeichen im Leben des Menschen. Er zeigt an, dass im Körper oder in der Seele eine Störung vorhanden ist – und wird damit zu einem bedeutenden Hilfsmittel, um eine Krankheit rechtzeitig zu diagnostizieren.

Wächterfunktion beachten

Deshalb ist es unklug, den Schmerz sofort mit Medikamenten zu beseitigen, ihn zu ignorieren oder märtyrerhaft zu ertragen, ohne gleichzeitig auch die Ursachen zu ergründen – und dann Konsequenzen für das eigene Leben abzuleiten. Diese Wächterfunktion des Schmerzes wird heute leider zu wenig beachtet. Allerdings wäre es unklug, sich einer vernünftigen Schmerztherapie zu entziehen.

Schmerzen läutern den Menschen

Ohne die Erfahrung von Schmerz und Leid kann der Mensch nicht wirklich reifen. So paradox es auch klingen mag: Körperliche und seelische Verletzungen, die Schmerzen verursachen, bringen den Menschen in seiner Entwicklung weiter. Es ist eine spirituelle Erfahrung, dass Schmerzen einen Menschen läutern und zu bewussten Veränderungen in seinem Leben führen. Um Schmerzen erträglich zu machen, kann man sie »opfern« – wie es jene schwangere Frau getan hat, die sich einen Zahn ohne Betäubungsspritze ziehen ließ, um dem Kind unter ihrem Herzen nicht durch die Narkose zu schaden. Dem Kind zuliebe wandelte sie den Schmerz um in Liebe. In der Solidarisierung mit anderen wird Schmerz hingegeben – und bekommt einen Sinn.

Übung

Gehe auf deine Knie herunter in die Hockstellung und krümme dich so lange zusammen, bis es schmerzt. Dann richte dich langsam auf und spüre, wie sich der Schmerz in Wohlbefinden verwandelt.

Bittet und
es wird euch gegeben,
sucht und
ihr werdet finden,
klopft an und
es wird euch aufgetan.

Matthäus-Evangelium 7,7–8

52

Was fehlt mir wirklich?

Wenn ein Patient vom Arzt gefragt wird, was ihm fehlt, dann lautet die Antwort meistens: »Ich habe Kopfweh, habe Bauchschmerzen, habe Depressionen ...« – der Kranke berichtet von dem, was er hat, und nicht davon, was ihm fehlt. Weil wir alles haben müssen, auch das, was wir nicht brauchen, fehlt uns das Lebens-not-wendige.

Flucht in Träume

Es gehört heute offenbar zum guten Leben, dass es uns an nichts fehlen darf. Modische Kleidung, ein Handy, der Zweitwagen, dreimal jährlich Urlaub – um in der Gesellschaft anerkannt zu sein und sich wohl zu fühlen, rackert sich der Mensch ab, damit er alles hat. Dieser Anspruch, der meist sogar verbunden ist mit dem Streben nach Perfektion, gaukelt dem Menschen Lebensziele vor, die ihn von seinen echten Bedürfnissen entfernen. Viele brüsten und bespiegeln sich in ihrer Eitelkeit, sie flüchten in Träume, oft sogar in Krankheiten – stets auf der Suche nach Anerkennung, nach Leben, nach Liebe. Doch dieser Weg endet fast immer in Unzufriedenheit und Leid.

Erkenntnis von Stärken und Schwächen

Klüger ist es, sich auf seine wirklich vorhandenen Stärken und vor allem auch auf die Schwächen zu besinnen. Denn auch für das Leben des Menschen gilt: Eine Kette ist nur so stark wie ihr schwächstes Glied. Mit der Erkenntnis über seine eigenen Stärken und Schwächen kann der Mensch sein Leben gestalten, ohne es in Selbstüberschätzung zu gefährden oder zu zerstören. Denn körperliche oder seelische Mängel bieten dem Menschen die Möglichkeit zur Entwicklung, zu neuem Wachstum. Diese Erkenntnis ist keine Schande, sondern ein Zeichen von Stärke und Weisheit.

Übung

Mache dir bewusst, welches Organ, welcher Körperteil bei dir geschwächt ist und besondere Unterstützung braucht. Dann gib diese Unterstützung und entdecke, wie sie die Schwäche in Stärke verwandelt. Manchmal ist der schwerste, dickste Körperteil der schwächste – zum Beispiel der Bauch. Dann hilf ihm, indem du einen vernünftigen Speiseplan machst.

53

Training für den Ernstfall: das gemeinsame Gebet

Im Leben des Menschen treten immer wieder Ernstfälle ein, die sofortige Hilfe erfordern. Das kann eine persönliche Notsituation sein, ein Ereignis in der Familie, ein Unfall im Betrieb – bis hin zu den großen Naturkatastrophen, bei denen zigtausend Menschen den Tod finden. Immer geht es dann darum, schnell zu helfen – mit persönlichen, organisatorischen und technischen Maßnahmen. Aber noch schlimmer als alle äußeren Unglücke sind die Notfälle, die sich im Inneren eines Menschen ereignen: Verzweiflung, Unglaube – sie schneiden den Menschen vom Leben ab.

Gesprächstherapien

In diesem hoffnungslosen Zustand sind die meisten Menschen zu Gesprächstherapien und anderen Formen der Hilfe bereit. Vielleicht finden sie einen Weg, der sie aus dem Teufelskreis herausführt, doch die rationalen oder psychologischen Aufarbeitungen haben ihre Grenzen.

Gebete und Singen

Die spirituelle Erfahrung zeigt, dass gegen die Verzweiflung am wirksamsten das gemeinsame Gebet hilft. Der heilige Benedikt verweist auf das gemeinsame Gebet, das immer wieder eingeübt werden soll. In seinem Kapitel über den »Gehorsam ohne Zögern« mahnt er die Mönche, dass sie, sobald die Glocke zum Gebet ruft, alles liegen und stehen lassen sollen. Dann hören die Mönche miteinander auf die Stimme Gottes – und die Beziehungen untereinander wachsen in der gemeinsamen Erkenntnis, dass es Gott gibt. Diese Grundhaltung ist auch in der Gegenwart lebensnotwendig: Das Gebet mit dem Ehegatten, in der Familie, in der Glaubensgemeinschaft ist die spirituelle Vorbereitung auf die Ernstfälle des Lebens. Dazu müssen gar nicht viele Worte gemacht werden, statt der Wortgebete kann man auch gemeinsam schweigen – oder singen. Im Singen kommen die Menschen miteinander in Schwingung, es müssen nicht einmal geistliche Lieder sein – wichtig ist, dass Töne, neue Schwingungen den Menschen berühren und bewegen. Oberton-Gesänge und die Behandlung mit Klangschalen wurden in vielen alten Kulturen zur Heilung Kranker eingesetzt.

Übung

Singe gemeinsam mit jemanden, vielleicht sogar mit einer Gruppe, damit du die Kraft erfährst, die in den Schwingungen des Herzens liegt. Der Choralgesang der Benediktiner, die wunderbaren mehrstimmigen Gesänge der Ostkirche oder die gesungenen Mantras der buddhistischen Mönche sind nicht nur Gesänge zum Lobpreis Gottes – sie sind auch heilende Bewegungen des Herzens.

54
Im Alleingang geht nichts

Im Leben eines jeden Menschen taucht immer wieder die Frage auf: Was muss ich für meine eigene Entwicklung tun – und was bin ich den anderen, auch der Gesellschaft schuldig? In diesem Spannungsfeld zwischen Egoismus und Altruismus, zwischen meinen Bedürfnissen und denen der anderen entstehen häufig Konflikte, weil die eigenen Interessen sich nicht mit denen der anderen decken – in der Familie, im Betrieb, im Sportverein, im Freundeskreis. Ich stoße mich nicht nur am anderen, sondern auch an mir selbst und merke, wie sehr diese Berührungen schmerzen.

Rückzug wäre verkehrt

Um solche Konflikte zu vermeiden, gehen viele einfach auf Distanz. Sie ziehen sich zurück, vermeiden bewusst Kontakte und wollen mit den anderen wenig zu tun haben. Sie nehmen nur noch sich selbst in den Blick und glauben, mit einem tollen Job, mit allen möglichen Absicherungen und nur im Vertrauen auf sich selber könnten sie ihr Leben sinnvoll gestalten. Sie geraten dadurch in Isolation und Beziehungslosigkeit – erst zu sich selbst, dann zu anderen.

Entwicklung durch Beziehungen

Ohne Beziehungen kann ein Mensch nicht leben. Sie sind für die Entfaltung des eigenen Lebens unabdingbar. Das gilt in besonderer Weise für Kinder, die sich ohne die Erfahrungen mit anderen Menschen nicht entwickeln können.

In seiner Ordensregel spricht der heilige Benedikt zwar von Mönchen, die sich als Einsiedler völlig zurückziehen. Aber diese Eremiten haben zuerst im Kloster in der Mönchsgemeinschaft gelebt und Erfahrungen gesammelt.

Das Zusammenleben mit anderen ist die Voraussetzung dafür, dass ein Mensch auch das Alleinleben nicht nur aushält, sondern sinnvoll und produktiv gestalten kann.

Übung

Setz dich einmal für ein paar Stunden – am besten sogar einen ganzen Tag lang – allein an einen Ort und beobachte an dir selbst, wie sehr du auf andere Menschen angewiesen bist. Ob du Licht anknipst oder den Kühlschrank öffnest und etwas zum Essen herausholst, ob du den Fernseher einschaltest oder dich duschst: Jeder Handgriff setzt die Zuarbeit anderer Menschen voraus. Menschen brauchen einander nicht nur, um die materiellen Bedürfnisse zu befriedigen, sondern um spirituell wachsen zu können.

55

Die Unbeschreiblichkeit des Schmerzes

Jeder Mensch erleidet in seinem Leben Schmerzen – ihr Sinn liegt darin, uns anzuzeigen, dass im Körper oder in der Seele eine Störung, eine Verletzung, eine Krankheit vorliegt. So wird der Schmerz zu einem wichtigen Signal, um Maßnahmen einzuleiten, die uns wieder heil machen.

Wenn man allerdings seinen Schmerz einem anderen mitteilen möchte, reichen die Worte nicht aus. Schmerz lässt sich nicht wirklich beschreiben, weil er sehr persönlich empfunden wird – das gilt für Verletzungen am Körper ebenso wie an der Seele, und häufig fügen sich die Menschen die äußeren oder inneren Wunden sogar selber zu.

Nicht ignorieren oder nur beseitigen

Viele Menschen haben verlernt, wie man mit Schmerz umgehen soll. Sobald er auftritt, dämpfen oder beseitigen sie ihn mit Tabletten oder anderen Drogen, ohne sich mit seinen Ursachen auseinander zu setzen. Wahrscheinlich kommt dann der Schmerz zu anderen Zeiten, vielleicht auch an anderer Stelle wieder zurück. Unvernünftig ist auch, Schmerzen zu ignorieren oder sie masochistisch auszuhalten. Schmerz bewusst zu machen heißt auch nicht, dass man sich einer vernünftigen Schmerztherapie verweigert.

Dankbar für Schmerzsignale

Schmerzen sind wie Wegweiser, auch wenn sie unangenehm sind – man sollte für sie dankbar sein, weil sie uns die Möglichkeit zur Behebung der Störung geben. Wer Schmerzen richtig versteht, kann die Auseinandersetzung mit sich beginnen, um wieder zum Heil zu kommen. Dass man bei starken Schmerzen auch Medikamente nimmt, um sie auszuhalten, ist sinnvoll – doch noch wichtiger ist es, die Ursachen der Verletzung in sich wahrzunehmen und im Leben gegebenenfalls Veränderungen einzuleiten. Die Erkenntnis, dass man Schmerz dankbar wahrnehmen soll, ist eine hilfreiche spirituelle Erfahrung.

Übung

Wenn du selber einen Schmerz spürst oder wenn dir jemand einen Schmerz mitteilt, dann begegne ihm mit großer Ehrfurcht, mit echtem Mitgefühl in dem Wissen, dass du die Tiefe des Schmerzes nicht beschreiben kannst.

56
Das Wunder der Wunden

Es ist eines der größten Wunder in der Welt, dass Wunden sich schließen können, dass Kranke gesund werden, dass aus Unheil wieder Heil wird. Das gilt sowohl für körperliche Wunden als auch für Verletzungen der Seele. Die meisten Menschen nehmen dieses Wunder gar nicht wahr. Für sie ist es das Selbstverständlichste der Welt, weil Wunden immer unangenehm sind. Viele schämen sich sogar, ihre Wunden zu zeigen, und verbergen sie. Und umgekehrt schauen die Menschen gerne weg, wenn sie Wunden sehen – bei sich selber und bei anderen.

Panzer als Schutz

Die erste Wunde des Menschen ist der Schnitt durch die Nabelschnur, wenn er von der Mutter getrennt wird. Wer diese und die nachfolgenden Verletzungen, die einen Menschen immer wieder treffen, nicht bewältigt, legt häufig um seinen Körper und um die Seele einen Panzer, der ihn vor weiteren Verwundungen bewahren soll. Doch der vermeintliche Schutzwall, aus Angst errichtet, erweist sich im Leben eher als Belastung.

Die Wunden zu zeigen, ist der erste Schritt zur Heilung

Wunden und Verletzungen gehören zum Leben. Es ist keine Schande, sie zu zeigen – sich selber und anderen. Seine Wunden nicht zu verstecken, ist schon der erste Schritt zur Heilung. Verletzungen sind Zeichen, die der Körper und die Seele aussenden – der Mensch muss versuchen, sie nicht nur mit dem Verstand zu begreifen, damit Heilung geschehen kann. Verwundungen entstehen, wenn sich der Mensch vom Leben abwendet. Die äußere und innere Umkehr als Folge einer neuen Sichtweise bringt ihn zum Leben zurück. In dieser Erkenntnis liegt eine große spirituelle Weisheit – es ist das Wunder der Wunde: Der Mensch, der sich vom Leben abgesondert hat, kann wieder eins werden mit sich, mit der Welt, mit Gott. Trennung und Verletzungen heilen, wenn neue Beziehungen entstehen und eine neue Einsicht zum Leben gefunden wird.

Übung

Suche an deinem Körper oder an deiner Seele eine Narbe. Denke an die Verletzung oder Verwundung – und an die Heilung, die durch diese Wunde möglich war.

57
Das weite Herz

Es ist eine Grundhaltung, ob jemand mit Offenheit durchs Leben geht oder engherzig und verschlossen ist. Menschen, die ein weites Herz haben, übertragen diese Haltung auch auf die anderen – ihre Lebensfreude wirkt ansteckend.

Aber jeder kennt in seinem Umfeld auch Menschen, die niemanden an sich heranlassen. Mit ihrer Härte und Verzweiflung lähmen sie sich selber – und andere. Sie gehen ihren Weg ohne Hoffnung und Zuversicht. Ihr Leben ist zum Stillstand gekommen, weil sie sich weder körperlich noch psychisch noch geistig bewegen. Mit ihrem Herz aus Stein sind sie gefangen im eigenen Käfig und können sich nicht mehr freuen an der Weite des Lebens. Aus Angst vor Verletzungen, vor Enttäuschungen und vor dem Scheitern kapseln sie sich ab und ziehen sich in die eigene Bitterkeit zurück.

Konfliktfrei leben wollen

Wahrscheinlich wünschen sich alle Menschen ein weites Herz. Dabei geben sich viele tolerant – und verwechseln Toleranz mit Beliebigkeit, mit »Laissez-faire« und mit Meinungslosigkeit. In Wahrheit wollen sie nur unbehelligt leben und allen Konflikten aus dem Weg gehen. In ihrer

Beziehungslosigkeit verbittern sie schließlich. Andere wollen immer allen etwas Gutes tun und überschlagen sich in Aktionismus. Als hyperaktive Caritas-Apostel rennen sie durchs Leben – immer in dem Glauben, dass sie großherzig Erfolg auf Erfolg verbuchen müssen.

Die Schule des Lebens

Leben ist ein kreativer, dynamischer Prozess. Wenn jemand seinen Leib, seine Seele und seinen Geist in harmonische Beziehung bringt, entsteht ein weites Herz. Natürlich birgt Offenheit immer auch die Gefahr in sich, verletzt und ausgenützt zu werden. Aber ohne Aufgeschlossenheit kann sich das Leben nicht entfalten. Ein weites Herz, sagt der heilige Benedikt, bekommt nur jemand, der ein Lernender bleibt – einer, der sich dem Leben stellt, indem er ständig bereit ist, etwas Neues aufzunehmen, zu verarbeiten, sich damit auseinander zu setzen. Der Weitherzige lernt in der Schule des Lebens. Das ist vor allem am Anfang sehr schwierig, weil man erkennt, dass es notwendig ist, auch Hartes und Unangenehmes auszuhalten – und nicht gleich davonzulaufen. Im weiten Herz verbindet sich Wissen mit Liebe.

Übung

Setz dich hin und spüre die Bewegung deines Herzens.

58

Essen und Trinken ist eine heilige Handlung

Die Esskultur ist uns weitgehend verloren gegangen, weil Essen und Trinken zu einem sehr profanen Vorgang verkommen sind. Wir schaufeln Kalorien in uns hinein – und achten nur noch darauf, dass alles schnell geht und billig ist und dass die Massenprodukte möglichst schon als Fertiggerichte im Verkaufsregal stehen.

Schnell und billig

Essen und Trinken wurde immer mehr entmystifiziert. Der Mensch und das Leben werden dabei entwürdigt. Den meisten Menschen geht es nur noch darum, dass sie schnell und billig satt werden. Nicht wenige glauben, sie ernähren sich schon bewusst und sinnvoll, wenn sie die Kalorienangaben auf den Verpackungen beachten. Geschmacksverstärker, Konservierungsstoffe, künstlich eingefärbte Produkte, gespritztes Obst und Gemüse – kaum jemand denkt daran, dass seine Nahrung ursprünglich aus der Natur kam. Sogar die Fünf-Sterne-Restaurants sind mit ihren überzogenen Gourmet-Spielereien zu einer selbstverliebten, seelenlosen Geldschneiderei geworden.

Gemeinsam am Tisch

Essen und Trinken ist eine heilige Handlung: Man nimmt wirklich Lebens-Mittel zu sich, die aus der Schöpfung stammen. Wie wohltuend ist eine Gastfreundschaft, wenn man am Tisch spürt, dass die Speisen liebevoll ausgesucht und zubereitet wurden. Das muss nicht teuer und aufwendig sein. Wer je auf einem Bauernhof ein Butterbrot mit einem frischen Glas Milch genossen hat, weiß, wie gut selbst die einfachen Dinge schmecken.

Wichtig ist auch, dass man in der Gemeinschaft isst – Essen und Trinken wird mit anderen geteilt. Wer allein essen muss, sollte aus seinem Mahl ein Ritual machen. Die sehr bewusst zusammengestellten Speisen, die brennende Kerze am gedeckten Tisch – Essen und Trinken kann zu einem sakralen Vorgang werden, auch wenn man allein am Tisch sitzt. Leib und Seele werden es mit Wohlbefinden danken.

Übung

Lade dir jemanden zum Essen ein und bereite alles sehr bewusst vor.

59
Gutes Reden kann heilen

Jeder kennt die Situation: Ein Gespräch wird immer zäher und endet im »Smalltalk«, mit dem nur noch die Zeit totgeschlagen wird. Dann werden keine Botschaften mehr ausgetauscht, die Menschen reden nicht wirklich miteinander, sondern nur noch übers Wetter. Wenn ein Gespräch nur auf der intellektuellen Ebene abläuft und nicht auch das Herz mit einbezieht, wird es fad und langweilig. Aber wenn der ganze Leib dabei ist, wenn die Gestik signalisiert, dass der andere mit voller Aufmerksamkeit spricht und hört, im Wechsel redet und schweigt, dann entwickelt sich ein lebendiger Dialog. Man lässt, ohne durch Geplapper zu unterbrechen, den anderen die Gedanken ausreifen und in Worte fassen – und zeigt ihm auf diese Weise die konzentrierte Anteilnahme am Gespräch.

Spott verletzt

Viele Menschen messen einem guten Gespräch kaum Bedeutung bei. Sie glauben, ein interessanter Redner zu sein – und fallen aus allen Wolken, wenn sie sich einmal vom Tonband selber hören. Worte sind als formulierte Gedanken ein Ausdruck des Lebens – leider ignorieren wir Menschen den Wert von Gesprächen. Gedankenlos, manchmal sogar bewusst verletzen wir mit Spott und Gesten der Geringschätzigkeit unseren Gesprächspartner – und merken es nicht einmal.

Aus Worten werden Handlungen

Selten ist uns bewusst, dass aus Worten Taten werden. »Und das Wort ist Fleisch geworden«, heißt es in der Bibel. »Bene dicere« bedeutet »gut reden« – und der heilige Benedikt sieht darin einen Segen für die Menschen. Deshalb ist es klug, das eigene Reden zu überwachen und zu beachten, welche Formulierungen man gebraucht, ob die Sätze voller Floskeln sind oder warum man bestimmte Redewendungen ständig wiederholt. Die Reflexion des eigenen Redens ist sinnvoll – und noch wichtiger ist es, sich zu fragen: Stehe ich hinter dem, was ich sage, sind mein Denken und Handeln identisch mit meinen Worten? Denn Worte verwehen nicht im Wind, sondern haben Auswirkungen im realen Leben. Behutsames Reden kann wie Balsam auf Wunden wirken und heilen, weil man mit Worten andere Menschen berührt – nicht nur am Ohr, sondern auch in der Seele.

Übung

Sprich einmal auf ein Tonband und höre dir dein Reden in Ruhe an. Nimm ein Telefonat auf und überprüfe, ob du aufmerksam hören und reden kannst.

Ein guter Baum
bringt gute Früchte,
ein schlechter Baum
schlechte Früchte.
An den Früchten
werdet ihr sie
erkennen.

Matthäus-Evangelium 7,17–20

60

Angst vorm Scheitern

Manche Menschen leben in echter Not und müssen versuchen, sich daraus zu befreien. Aber in vielen steckt ständig die Angst vor dem Scheitern, ohne dass es ihnen finanziell schlecht geht. Sie befürchten, dass sie nicht genug haben. Voller Unzufriedenheit schielen sie dauernd auf den Nachbarn, der scheinbar besser dasteht – ein größeres Haus, mehr Geld, gescheitere Kinder. Diese irrationale Existenzangst endet häufig in ständigem Jammern über die eigene Situation. Nörgelnd kreisen diese Menschen nur noch um sich selber und bedauern in Selbstmitleid ihre Lage – und sehen nicht, dass hinter ihrer Furcht vor dem Scheitern die Angst steht, dass sie dem Leben nicht gewachsen sind

Totsparen oder auf Pump leben

Gegen ihre Angst vor der Pleite rennen die Menschen meistens in die verkehrte Richtung. Mit noch mehr Anstrengungen wollen sie ihren materiellen Besitz absichern oder vergrößern: Es wird krankhaft übertrieben gespart, der Vater macht Überstunden oder verdient zusätzliches Geld mit Schwarzarbeit nach Feierabend, die Kinder müssen ihre Noten durch Nachhilfeunterricht verbessern. Dass in Wahrheit weniger ein materielles Problem besteht, sondern dass solche Menschen von Neid, Geiz und Gier innerlich vergiftet werden, nehmen die Betroffenen nicht wahr.

Aber das Pendel kann auch auf die andere Seite ausschlagen. Dann wollen die unzufriedenen Nörgler ihre Lage verbessern, indem sie ihr materielles Leben auf Pump aufbauen – der Blick auf die heutige Gesellschaft zeigt, wie weit dieser Trend bereits fortgeschritten ist. Und der Staat geht selber mit schlechtem Beispiel voran.

Vom Haben zum Sein

Klüger ist es, seine Würde und seinen Wert wahrzunehmen und in das eigene Leben Vertrauen zu finden. In seinem Inneren weiß der Mensch, dass jemand nicht deshalb arm ist, weil er kein großes Auto fährt, sondern weil Angst ihm jede seelische und geistige Entfaltung blockiert. Diese innere Erkenntnis erfordert eine Umkehr – weg von der Überbewertung des Habens, hin zum Sein.

Jesus sagte, es ist wichtiger, dass die Menschen zuerst das Reich Gottes suchen, also den inneren Frieden, Gerechtigkeit, Liebe und Freude, dann werden sie alles andere dazu erhalten. Diese Grundhaltung legt auch der heilige Benedikt dem Abt und den Mönchen nahe.

Übung

Schreibe in ein Buch jeden Abend einen Gedanken, eine Handlung, die dich an diesem Tag zufrieden gemacht hat.

61
Es reicht, dreimal den gleichen Fehler zu machen

Menschen sind »Wiederholungstäter«: Wir verwenden gern die gleichen Worte, lieben die gleichen Bilder, fallen immer wieder auf die gleichen Tricks herein und freuen oder ärgern uns über die gleichen Emotionen.

Die Schwächen der anderen

Erstaunlicherweise sehen wir diese Verhaltensmuster bei anderen Menschen leichter als bei uns selber. Bei Nachbarn, Freunden, Arbeitskollegen oder bei den Kindern entdecken wir die Schwächen sofort, aber sich selber hält man für fehlerfrei. Mit diesem Irrtum leben viele Menschen. Sie finden für oft gemachte Fehler immer neue Ausreden, ohne ernsthaft den Versuch zu unternehmen, die immer wieder auftauchenden Schwächen bei sich zu bearbeiten. Die Schuld wird gern bei anderen gesucht – und selber drückt man sich vor der Wahrheit.

Selbsterkenntnis

Um diesen Teufelskreis zu durchbrechen, muss sich der Mensch erst einmal als »Wiederholungstäter« erkennen. Das erfordert, dass man sich selber in den Blick nimmt und Schwächen, die auf immer ähnliche Weise wiederkehren, sehr bewusst anschaut. Wenn bei dieser Betrachtung ein Fehler gleich mehrmals entdeckt wird, ist es sinnvoll, sich ernsthaft damit auseinander zu setzen. Oft kommt man alleine nicht weiter, dann kann es hilfreich sein, einen guten Freund einzuschalten und mit ihm über das Problem zu sprechen.

Übung

Durchforste deine eigenen Entscheidungen nach Fehlern, die du mindestens schon dreimal gemacht hast.

62
Angst oder Ehrfurcht

Immer mehr Menschen haben Angst – vor sich selber, vor den Schwierigkeiten des Lebens, vor Gott. Dieser bedrückende Zustand zerstört ihre Freude, ihre Kreativität, ihre Zuversicht, sie fühlen sich überfordert. Manchmal ist es die Furcht vor sehr konkreten Problemen, meistens aber ist es eine anonyme Angst, die den Menschen quält – und ihn nicht selten in Depressionen hineinführt.

Die Hölle auf Erden

In solchen Fällen können Psychotherapeuten helfen oder es gibt andere Wege der Heilung, die man gehen muss. Dramatisch aber wird es, wenn der Mensch seine Ängste auf Gott überträgt, weil ihm von Kind auf eingetrichtert wurde, dass ihn Gott bestraft. Daraus erwächst häufig die Angst vor einem unausweichlichen Schicksal, vor Versagen und vor Verdammung – solche Menschen erleben dann wirklich die Hölle auf Erden. Sie werden von ihren Ängsten regelrecht zermürbt – meistens mit der Folge, dass im Körper sogar Krankheiten entstehen. Die Ursache hinter physischem und psychischem Leid ist häufig eine Gottesangst, die im Menschen Blockaden errichtet. Manche Religionen berichten tatsächlich von einem zürnenden Gott, vor dem die Menschen zittern müssen.

Ehrfurcht und Liebe

Aber nicht Furcht soll das Verhältnis des Menschen zu Gott bestimmen, sondern Ehrfurcht. Wenn man Gott oder einem Menschen mit Ehrfurcht begegnet, dann erweist man ihm Ehre – mit Angst hat das nichts zu tun. Deshalb kann sich der Mensch am ehesten aus seinen Ängsten befreien, wenn er seine Beziehung zu Gott ändert. Ehrfurcht vor dem Schöpfer beseitigt auch die Angst im Leben – und ist zugleich die Rückkehr zur Liebe. Der heilige Benedikt hat die Liebe als wichtigstes Werkzeug für ein gutes Leben bezeichnet – die Liebe zu Gott, zum Nächsten und zu sich selbst. Angst ist der Grundzustand eines Menschen, der die Liebe verloren hat. Wenn er wieder spürt, dass er liebt und geliebt wird, schmilzt seine Angst wie Schnee in der Sonne. Gott liebt dich mit all deinen Fehlern und Schwächen – du musst nicht perfekt sein. Vielleicht erscheint dir die Liebe zu Gott als zu abstrakt, dann fängst du einfach damit an, dich wieder selber lieben zu lernen oder andere Menschen – es ist der erste Schritt zu Gott.

Übung

Verneige dich in Ehrfurcht aus Liebe vor Gott, vor der Schöpfung, vor anderen Menschen und vor dir selber.

63
Entwicklung macht Arbeit

Wenn man in guter Absicht einem anderen Menschen in seiner persönlichen Entwicklung helfen will, dann führt das für einen selber immer zu zusätzlicher Arbeit und auch zu Ärger. Mancher Chef hat die gezielte Fortbildung für seine intelligente Sekretärin bereut, weil sie am Ende als Abteilungsleiterin in eine andere Firma wechselte – und er nicht nur auf erheblichen Kosten sitzen blieb, sondern noch viel Zeit und Geld aufwänden musste, um eine neue Sekretärin zu finden. Wenn man andere Menschen fördert, um deren Talente zu entfalten, dann ist dies meist mit eigenen Mühen und mit Arbeit verbunden. Das heißt jedoch nicht, dass man jede individuelle Laune und jeden egoistischen Selbsterfahrungs-Trip unterstützen muss.

Entfaltung lässt sich nicht steuern

In den leitenden Positionen in der Wirtschaft trifft man häufig Führungskräfte, die ihre Mitarbeiter nur fördern, um sich selber die Arbeit zu erleichtern – es geht ihnen weniger um die freie Entfaltung von vorhandenen Talenten. In diesen Fällen soll die Weiterentwicklung eines Mitarbeiters dem Vorgesetzten und dessen Karriere nützen, andernfalls wird die Fortbildung verweigert. Dabei unterliegen viele Chefs dem Irrglauben, die Entwicklung des

Mitarbeiters ließe sich steuern – wohin der Weg letztlich führt, ist nicht vorhersehbar. Das gilt natürlich auch im Privatleben, in der Familie, in sozialen Engagements.

Innere Zustimmung

Wirkliche Förderung bedeutet die innere Zustimmung zur freien Entfaltung des anderen – auch wenn man selber keinen Nutzen daraus zieht, sondern vielleicht sogar eher Nachteile hat. Eine solche Zustimmung ist immer eine Investition ins Ganze, ins Große der menschlichen Entwicklung. Das Gute, das sich in einem Menschen entfaltet, wird allen zum Nutzen.

Übung

Fördere im Rahmen deiner Möglichkeiten einen bestimmten Menschen, ohne dass du dafür eine Gegenleistung erwartest.

64
Selbstheilung und Fremdheilung

Angst führt oft zu merkwürdigem Verhalten. So befürchten viele, dass sie ihr eigenes Leben gefährden, wenn sie einem anderen Menschen bei dessen Entwicklung helfen. Die harmlose Beziehung eines Ehepartners zu einem kreativen Freundeskreis wird vom andern oft aus Eifersucht und Furcht vor der wachsenden Selbstständigkeit unterdrückt, im Betrieb schottet der Abteilungsleiter sein Fachwissen vor dem nachrückenden Konkurrenten ab, manch guter Rat wird bewusst nicht weitergegeben, damit der Vorsprung gegenüber anderen bestehen bleibt. Menschen unterlassen es, dem anderen etwas Gutes zu tun – aus Angst, er könnte zu stark werden und sie könnten dadurch verlieren.

Ist sich jeder selbst der Nächste?

Menschen rechtfertigen ihre Verweigerungshaltung gerne mit dem Hinweis, sie müssten für sich selber sorgen, jeder sei sich selbst der Nächste. Der andere müsse halt auch sein Lehrgeld bezahlen. Wer so denkt, missachtet die Entwicklung des anderen – und erweist sich selber einen Bärendienst.

Das Gute kommt zurück

Spirituelle Erfahrungen sagen, dass es dem Menschen, der einen anderen unterstützt, dadurch auch selber besser geht. Die Hilfe, die er gibt, kommt auf ihn zurück. Das bedeutet nicht, dass man jeden Egotrip des Freundes, der Ehefrau, des Sohnes oder des Arbeitskollegen fördern soll. Aber alles, was du tust, damit ein anderer sich entfalten kann, indem er seinen gestörten Lebensrhythmus wieder heilt und ein gutes Leben führt, heilt dich auch selber. Die Hilfe zur Fremdheilung wird also im weitesten Sinn eine Selbstheilung. Auf diese Weise realisiert sich die spirituelle Erkenntnis, dass es einen großen kosmischen Zusammenhang gibt, der auch die Beziehungen der Menschen untereinander einschließt – und dem Einzelnen Verantwortung für seinen Mitmenschen zuweist. Auch in der benediktinischen Regel heißt es, dass sich jemand selber reinigt, wenn er anderen zum Leben hilft.

Übung

Schenke jemandem etwas – und achte darauf, wie dessen Freude über das Geschenk auf dich zurückkommt.

65
Nachhaltigkeit im Leben

In den ›modernen‹ Gesellschaften werden massenhaft Produkte erzeugt, die nach kurzem Gebrauch oder völlig unbenutzt auf dem Müll landen. Schuhe, Elektrogeräte, Autotechnik – wenn etwas nicht mehr funktioniert, wird es ausgewechselt, weggeworfen. Nur selten wird noch repariert, und zu wenig Menschen machen sich Gedanken über die Nachhaltigkeit. Die Massenmedien überschwemmen uns mit fragwürdigen Informationen – sogar im Umgang mit Menschen ist die Wegwerf-Mentalität auf dem Vormarsch. Frührentner, kranke Alte, auch Kinder und künftige Pflegebedürftige bekommen eine Denkweise zu spüren, die in der Legalisierung der »aktiven Sterbehilfe« in einigen Ländern bereits ihren Höhepunkt erreicht hat. Scheinbar unnütze Menschen werden ›entsorgt‹, weil sie für die Gesellschaft überflüssig und zu teuer sind.

Eigener Durchblick sehr schwierig

Um die Wirtschaft anzukurbeln, machen uns führende Politiker weis, dass noch mehr Konsum das beste Mittel sei, um die sozialen Versorgungssysteme zu verbessern. Doch dieser Appell verstärkt die Wegwerf-Mentalität wie ein Turbo. Viele Menschen versuchen auf eigene Faust, die Angebote im Markt, die Informationsflut, die sozialen

Probleme zu analysieren und dann das eigene Verhalten daran zu orientieren. Aber die Gefahr ist groß, dass man scheitert, weil alles schwer durchschaubar ist. Oft sehen wir uns wie ein funktionierendes Rädchen in einer Todesmaschine.

Vertrauen hilft

Die dringend notwendige Abkehr vom Wegwerf-Denken kann erreicht werden, wenn sich die Menschen wieder darauf besinnen, dass in allem auf nachhaltige Werte geachtet wird. Diese Form von Wertsteigerung sollte zur Grundhaltung im Leben werden – egal ob es um Gegenstände geht, um Meinungen, um die Behandlung von Menschen. Dabei ist wichtig, dass du dem Menschen vertraust, der dir etwas verkauft, der etwas sagt oder tut. Diese Glaubwürdigkeit kann sehr hilfreich sein, weil man in unserer komplizierten Welt selber oft nicht in der Lage ist, den Wert von Gegenständen, von Informationen, von Engagements und sozialen Angeboten beurteilen zu können. Vertrauen zu sich selbst und zu anderen aber wächst langsam, braucht Zeit.

Übung

Lass dich einmal mit geschlossenen Augen von einem Menschen, zu dem du Vertrauen hast, an der Hand nehmen und führen. Mache diese Übung eine halbe Stunde lang.
Dann suche dir jemanden, der sich von dir führen lässt, achte auf die Bewegungen in dir – und sprich darüber mit anderen.

66
Vertrauen im Leben

Es gibt ein arabisches Sprichwort, in dem es heißt: »Vertraue auf Gott, aber binde dein Kamel an eine Palme!« Mit anderen Worten: Vergiss bei allem Vertrauen ins Leben nicht, auf die alltäglichen Dinge sorgsam zu achten. Denn Gott ist nicht dafür verantwortlich, wenn dir dein Kamel wegläuft, das du aus Nachlässigkeit nicht angebunden hast.

Keine Vertrauensseligkeit

Vertrauen, das die Lebensrealität nicht beachtet, kann gefährlich werden, weil es den Verstand ausklammert – und falsche Vertrauensseligkeit hat oft Unglück gebracht. Die äußeren Formen von Vertrauen zeigen sich im alltäglichen Leben in vielfacher Weise – bei technischen Geräten, beim Essen und Trinken, in den Gesetzen und Regelungen, die unser Leben ordnen sollen. Es ist schwierig genug, Vertrauen in diese oft undurchschaubare Welt zu entwickeln. Erstaunlicherweise vertrauen aber viele Menschen eher auf die technischen Funktionen eines Autos als auf Gott.

Vertrauen in die innere Stimme

Noch komplizierter wird es, wenn man seiner inneren Stimme vertrauen soll. Diese Stimme des Lebens ist ein göttliches Geschenk, um das sich der Mensch keine Sorge machen muss. Er darf das Geschenk guten Gewissens annehmen – Gott schickt ihm dafür keine Rechnung. Das Vertrauen in die Kraft des Lebens ist mehr wert als alle anderen Güter. Aktien können fallen, Vermögen geht verloren, Beziehungen zerbrechen – das Leben ist voller Beispiele, bei denen Vertrauen enttäuscht wurde. Aber es wäre unklug, deshalb grundsätzlich alles Vertrauen im Leben auszulöschen. Denn in letzter Konsequenz wurzelt Vertrauen im Glauben an Gott. Es gibt keinen Beweis dafür, dass Gott existiert. Wir können nur darauf vertrauen, dass er gegenwärtig ist – und über unsere innere Stimme, die leise ist und von der lauten Welt oft übertönt wird, zu uns spricht.

Übung

Höre auf deinen Herzschlag. Er gibt dir Leben – du tust nichts dafür. Höre auf deinen Atem, er kommt und geht. Höre auf das Leben, es wird dir jeden Augenblick neu geschenkt.

67

Dankbarkeit ist der Schlüssel zur Freude

Freude ist ein Lebenselexier – alle Menschen sehnen sich danach. Doch tiefe Freude zu empfinden, ist gar nicht so einfach. Zu sehr sind wir auf Defizite und Ungerechtigkeiten, die es ja tatsächlich gibt, fixiert.

Witze und Schadenfreude

Über Witze zu lachen, kann manchmal lustig sein, aber Freude ist etwas anderes. Das gilt auch für spöttische Bemerkungen auf Kosten anderer Menschen. Auch das Eisschollen-Springen von einem Event zum nächsten erzeugt nicht wirklich Freude, sondern gleicht eher einem nicht enden wollenden Narhalla-Marsch. Und Schadenfreude über das Missgeschick eines anderen löst eher zerstörerische Gefühle aus – beim Betroffenen und bei einem selber.

Dankbar fürs Leben

Der spirituelle Schlüssel zur Freude ist Dankbarkeit. Wer eine Blume am Wegrand wahrnimmt und dafür dankbar ist, erlebt echte Freude. Dankbarkeit entsteht nicht nur bei großen und bedeutenden Anlässen, sondern kann sich aus sehr einfachen Alltagsbegebenheiten entwickeln. Der

Mensch kann lernen, sein eigenes Leben dankbar anzunehmen – statt immer nur herumzunörgeln. Das ist nicht Selbstzufriedenheit, sondern der Dank dafür, dass Vater und Mutter ihm das Leben geschenkt haben. Dankbar zu sein am Morgen, dass man wieder aufstehen kann, und sich abends vor dem Einschlafen bei Gott für den Tag zu bedanken – diese bewusste Wahrnehmung des Lebens schenkt dem Menschen Freude und Kraft.

Übung

Lächle einem fremden Menschen zu – und zeige ihm mit deinem Lächeln deine Dankbarkeit dafür, dass er dir begegnet ist.

Liebet eure Feinde und betet für die, die euch verfolgen. Himmlische Gerechtigkeit: Gott lässt die Sonne aufgehen über Bösen und Guten, und er lässt regnen über Gerechte und Ungerechte. Seid vollkommen wie euer Vater im Himmel.

Matthäus-Evangelium 5,44

68
Sei dankbar für jede Nervensäge

Wir reden gerne und viel von Toleranz – und sind überzeugt, dass wir diese Tugend im Leben auch wirklich befolgen. Ist das wirklich so?

Die meisten haben ihre Toleranz nie auf den Prüfstand gestellt. In der Familie, im Freundeskreis, auch in den beruflichen Beziehungen umgeben sie sich mit Menschen, mit denen sie in Harmonie leben können – da gibt es kaum Situationen, in denen Toleranz gefordert ist. Im Lateinischen heißt »tolere« tragen – in seiner ursprünglichen Bedeutung ist Toleranz die Fähigkeit, etwas zu ertragen oder mitzutragen: eine Last, Probleme, Schwierigkeiten, Feindseligkeiten, Auseinandersetzungen. Deshalb kann man seine Toleranz fast nie an Freunden messen, sondern nur an Fremden, an Gegnern, an Andersdenkenden, an Feinden – diese Menschen musst du ertragen können.

Konfrontationen meiden ist keine Toleranz

Viele halten sich für tolerant – dabei gehen sie lediglich allen Konfrontationen aus dem Weg. Oft drückt sich ihr zwiespältiges Verhältnis zur Toleranz auch in dem ironischen Satz aus: »Zwei Dinge hasse ich: Intoleranz und Neger am Stammtisch!«

Toleranz auf dem Prüfstand

Ob jemand wirklich tolerant ist, zeigt sich in seinem Umgang mit jenen Menschen, die ihn auf die Probe stellen, weil sie ihn scheinbar bedrohen. Deshalb sollte man dankbar sein für jeden Fremden, der sich in den Weg stellt, und für jede Nervensäge – sie werden zum Prüfstein für die eigene Toleranz. An ihnen kannst du erkennen, ob du die Tugend der Duldsamkeit, also Andersartiges ertragen zu können, bei dir ausgebildet hast oder nicht.

Übung

Lege dir daheim ein schweres Scheit Holz auf die Schulter und trage es für ein paar Stunden mit dir herum.

69
Kampf mit dem Gerümpel

Ob du es willst oder nicht: Im Leben eines Menschen entsteht immer wieder Unordnung. Im Haus, auf dem Schreibtisch, in Schränken, im Körper und in der Seele sammeln sich viele Dinge an, die man in regelmäßigen Abständen wegräumen sollte. Ordnung schaffen ist ein aktiver Prozess, der im Inneren beginnt – und gar nicht einfach ist.

Unordnung entsteht von selber

Jeder weiß: Unordnung entsteht von selber, aber Ordnung ist ein sehr aktiver Prozess. Viele Menschen tun sich schwer, wenn sie sich von lieb gewordenen Dingen trennen sollen. Sie können sich nicht entscheiden, was sie loslassen müssen, um wieder Ordnung ins Leben zu bringen. Auf zig Zetteln haben sie notiert, was sie demnächst machen wollen. So schleppen sie unerledigte Vorgänge und überholte Termine mit sich herum – immer in der Hoffnung, eines Tages werde man sie schon aufarbeiten.

Aufräumen und loslassen

Klüger ist es, dass man sich eingesteht: Ich kann nicht alle meine Pläne verwirklichen, sondern muss Entscheidungen treffen, dass ich mich von manchen Vorhaben verabschiede. In der ehrlichen Auseinandersetzung mit sich selber ist es dann ratsam, bestimmte Wünsche und Vorhaben loszulassen. Das bedeutet nicht nichts zu tun, sondern durch kluge Entscheidungen Freiräume für neue Bewegungen zu schaffen.

Übung

Räume einen bestimmten Raum in deinem Haus auf und trenne dich von den vielen überflüssigen Dingen, die nur belasten, sodass du dich darin wieder wohl fühlst.

70
Kampf gegen die Dummheit

Die PISA-Studie hat gezeigt, dass unsere Kinder immer »dümmer« werden. Sie sind offenbar vielfach nicht in der Lage, klare Sätze zu formulieren und Zusammenhänge zu begreifen. In den meisten hochmodernen Industriegesellschaften scheint die Beherrschung der basalen Bildungstechniken dramatisch abzunehmen. Deshalb soll der Kampf gegen die »Dummheit« schon mit der verbesserten Vorschulerziehung beginnen, bei der die Kinder frühzeitig auf Leistung getrimmt werden. Jahrzehntelang gingen aus den heute verlachten Zwergschulen mit ihren unperfekten Lehrmitteln ganze Generationen intelligenter und kreativer Wissenschaftler, Forscher, Ingenieure und Facharbeiter hervor, die mit ihren Spitzenleistungen das Land zur Blüte entwickelten – doch trotz der mehrfachen Bildungsreformen scheint die Entwicklung von Intelligenz nicht garantiert zu sein.

Folgen der PISA-Studie

Wenn jetzt aus der PISA-Studie gefolgert wird, man müsse noch mehr Geld in technische und organisatorische Reformen investieren, dann bleibt das Bildungssystem weiter auf dem Holzweg.

Die ganz andere Reform

Die spirituelle Lehre aus den schlechten Ergebnissen der PISA-Studie kann nur sein, dass man den Kindern eine geistliche Verankerung gibt. Intelligenz und Leistungsfähigkeit können nur wachsen, wenn die Menschen im seelischen Gleichgewicht leben. Dazu gehört die – auch emotionale – Sicherheit in der Familie, die dem Kind selbst in schwierigen Situationen Geborgenheit vermittelt. Es ist viel wichtiger, die spirituelle Entwicklung der Kinder zu fördern, statt sie einseitig mit noch mehr technokratischem Wissen voll zu stopfen. Alle Reformen werden scheitern, wenn sie nur die intellektuellen Methoden verbessern und auf die Sehnsucht der Kinder nach Geborgenheit und Liebe keine Rücksicht nehmen. Kinder können sich, sagt auch der heilige Benedikt, ohne spirituelle Erfahrungen nicht richtig entwickeln – doch wo lernen sie heute Solidarität, Mitgefühl, Nächstenliebe, Hilfsbereitschaft, Selbstachtung? Wenn die Reform nur darin besteht, dass auf den Irrwegen erneut ein Turbo zugeschaltet wird, dann missachten wir das Leben der Kinder und überlassen sie weiterhin der Gewalt, dem Unfrieden, den Drogen und ihrem Egoismus.

Übung

Spüre einmal dem nach, was dir als Kind im Leben die Möglichkeit gab zu lernen und dein Menschsein zu entwickeln.

71

Um das Ganze zu sehen, brauchst du Distanz

Wenn du einen Menschen ganz sehen willst, musst du mindestens einen Meter von ihm entfernt sein. Ein Arzt, der eine Krankheit behandeln möchte, braucht zum Patienten etwas Abstand, damit er ihn komplett wahrnimmt. Auch seelische Probleme lassen sich leichter erkennen, wenn man nicht zu nahe dran ist, deshalb ist die richtige Distanz wichtig. Manche Chefs verlieren die Übersicht über den Betrieb, weil zu hohe Stapel auf dem Schreibtisch den Blick versperren.

Zu nah, zu fern

Übervorsichtige neigen dazu, ein Problem nur noch aus großer Ferne zu betrachten – aus Angst, sie könnten hineingezogen werden, halten sie sich völlig heraus. Sie entfernen sich von jeder Schwierigkeit. Aber auch übertriebene Nähe kann zum Problem werden, wenn sich zum Beispiel Mütter ihrem Kind in »Affenliebe« zuwenden, um jede Schwierigkeit und jeden kleinsten Schmerz von ihm fern zu halten – Kinder müssen auch durch die Erfahrung von Grenzen, Enttäuschung und Fehlern auf ihr künftiges Leben vorbereitet werden.

Die richtige Distanz

Es ist wirklich eine Kunst, zu einem Problem, einer Sache oder einem Menschen die richtige Distanz zu finden: nicht zu entfernt, sonst sieht man keine Details mehr, aber auch nicht zu nahe, sonst geht der Blick fürs Ganze verloren. Das richtige Maß von Nähe und Distanz ist der spirituelle Königsweg in allen Beziehungen.

Übung

Stell dich vor einen großen Spiegel und betrachte dich in voller Lebensgröße. Dann tritt näher heran und nimm Details wahr – und zuletzt gehst du einige Schritte zurück und schaust dich aus der Entfernung an.

Betrachte in einer zweiten Übung eine Schwierigkeit in deiner beruflichen Arbeit und spüre nach, wie viel Distanz du brauchst, um das Problem ganz zu erkennen.

72
Innere und äußere Zwänge

Wer eine Leitungsfunktion innehat, steht oft unter Zwängen. Das geplante Budget darf nicht überschritten werden, man muss ständig darauf achten, dass die Mitarbeiter keine Fehler machen, oft streiken die Maschinen, Termine und Qualitätsanforderungen setzen permanent unter Druck. Oft fühlt sich der Leiter oder Mitarbeiter überfordert und spürt, dass er an seine Grenzen stößt.

Nicht ignorieren!

Manche wollen die Zwänge nicht wahrhaben – sie ignorieren sie einfach und verstärken sie dadurch. Auch über die Grenzen der Mitarbeiter setzen sie sich hinweg. Mit verstärktem Druck auf sich selber und auf die anderen soll dann die Leistung gesteigert werden – ein Versuch, der meist fehlschlägt.

In anderen Fällen regiert der Chef ebenso falsch: Er registriert zwar die Überforderung bei sich und den anderen, tut aber nichts dagegen. Alles läuft weiter, als gäbe es kein Problem – bis am Ende nicht nur die Menschen erstarren, sondern auch die Maschinen zum Stillstand kommen. Resignation als Folge der Ratlosigkeit ist keine Lösung.

Wandel als Chance

Es ist nicht Resignation, sondern eine spirituelle Erkenntnis, dass niemand vollkommen ist. Dass Fehler passieren und Zwänge auftauchen, ist normal. Sie sind auch Chancen; denn die Fehler machen Grenzen und Grenzüberschreitungen bewusst. Wo immer der Mensch an Grenzen stößt, kann er dank seines Wissens, seiner Liebe, seines Vertrauens gemeinsam mit den anderen die Lösung des anstehenden Problems erarbeiten. Manchmal ist es klug, Grenzen zu akzeptieren und andere Wege zu suchen, um ein Ziel zu erreichen. Dazu gehört die Bereitschaft, umzudenken und die vorhandenen Energien zu verwandeln – in neue Ideen, neue betriebliche Abläufe, neue Produkte. Das ist nicht nur wirtschaftlich vernünftig, sondern entspricht auch der spirituellen Erfahrung der Umkehr (Metanoia = ganzheitlicher Umkehrprozess). Die Fähigkeit zur inneren und äußeren Umkehr gilt in allen Lebenssituationen und Beziehungen – sie ist die Voraussetzung für Entwicklung und Erneuerung.

Übung

Du stellst dich hin und übst langsam und bewusst die Umkehr: Erst wendest du den Kopf, dann die Schulter, die Brust, den Bauch, das Becken und schließlich die Beine und Füße. Umkehr vollzieht sich in mehreren langsamen Schritten, nicht in einem einmaligen Gewaltakt.

73

Der Einzelne und das Ganze

Das Leben fordert, dass wir uns beständig entwickeln. Deshalb ist es sinnvoll, die eigenen Stärken weiter zu fördern und die Schwächen abzubauen. Dieser Prozess beim einzelnen Menschen darf allerdings nicht auf Kosten anderer und der Gemeinschaft erfolgen. Es wäre also verkehrt, den Schutz des Individuums in einem Maße auszuweiten, dass darunter die Entfaltungsmöglichkeit der Gesellschaft leidet. Umgekehrt ist es genauso falsch, wenn das Kollektiv seine Rechte so ausdehnt, dass der Einzelne kaum noch Freiraum für seine eigene Entfaltung findet.

Nicht einseitig handeln

Die Geschichte zeigt viele Beispiele, bei denen die richtige Balance nicht gefunden wurde – zum Schaden aller. Ideologien, die das Kollektiv über alles stellten, haben das Leben ebenso zerstört wie ungezügelte Befreiungsbewegungen, die zwar das diktatorische Joch abschüttelten, aber – wie in den Anfängen der Französischen Revolution – die neue Freiheit des Individuums mit einem Blutbad begannen. Die Überbetonung der einen oder der anderen Seite führt oft zu katastrophalen Ergebnissen.

Viele Menschen verlieren auch im gegenwärtigen Trend zur Individualisierung das Gefühl für das rechte

Maß und lassen sich vom einseitigen Zeitgeist-Prinzip »entweder oder« verführen, statt sich dem ausgewogenen Grundsatz »sowohl, als auch« zuzuneigen.

Die goldene Regel

Es gibt eine goldene Regel, an der jeder sein Leben ausrichten kann: Was du nicht willst, das man dir tu, das füg' auch keinem andern zu. Jeder kann sich fragen: Wie viel Förderung und Unterstützung brauche ich, um mein individuelles Leben entfalten zu können – und wie viel Rücksichtnahme muss es mit Blick auf die Gemeinschaft geben? Das gilt für die Schulklasse, für die Familie, für den Beruf, für die Beziehungen der Völker untereinander – immer geht es um den Königspfad zwischen den Wünschen des Einzelnen und den Interessen der Gemeinschaft. Das erfordert, dass der Einzelne manche Eigenwünsche klug zurückstellt, damit sich die Gemeinschaft entwickeln kann – und dabei entfaltet sich zugleich auch der Einzelne selbst. Das wechselseitige Geben und Nehmen führt auf beiden Seiten zu einem individuellen, gesellschaftlichen und spirituellen Wachstum.

Übung

Besprich in deiner Familie konkrete Maßnahmen, mit denen der Einzelne ebenso gefördert wird wie die ganze Familiengemeinschaft.

Das Tor,
das zum Leben führt,
ist eng, und der Weg
dahin ist schmal.
Nur wenige finden ihn.

Matthäus-Evangelium 7,14

74

Eine gerade Straße ist manchmal das größte Hindernis

Viele wünschen sich ein Leben ohne Probleme und Hindernisse – wie auf einer geraden, glatt geteerten Straße wollen sie dahingleiten. Doch der Traum vom totalen Glück ist eine Illusion. Natürlich ist der Wunsch nach einem erfüllten Leben verständlich, aber er darf nicht dazu verleiten, dass man zum Traumtänzer wird und die Realität nicht mehr wahrnimmt.

Verführerischer Traum

Der Traum von der geraden Straße ohne Hindernisse ist verführerisch, aber lebensgefährlich. Denn auf Rennstrecken neigen die Menschen zu Rücksichtslosigkeit und viel zu hohem Tempo. Um dann auf den geraden Straßen der Zügellosigkeit Einhalt zu gebieten, müssen Gesetze und Regelungen eingeführt werden, die häufig mehr Verwirrung stiften, als sie ordnen – meist werden sie auch nicht eingehalten. Autobahnen verführen zur Raserei – im wirklichen und im übertragenen Sinn.

Das Leben wächst auf krummen Wegen

Wer seine Kinder vor jeder Schwierigkeit abschirmt, verhindert, dass sie eigene Erfahrungen machen, die für ihre

Entwicklung wichtig sind. Denn die Wege des Lebens sind selten glatt und gerade, sondern meist krumm und oft unüberschaubar. Es ist normal, dass immer wieder Hindernisse auftauchen, die man umgehen oder wegräumen muss. Wer nicht lernt, im Leben mit Schwierigkeiten, Konflikten und Verletzungen umzugehen, begibt sich in große Gefahr. Die Schöpfung ist wunderbar, aber unvollkommen – und der Mensch muss sich ständig mit Schwächen, Unzulänglichkeiten und Hindernissen auseinander setzen. Schmal ist der Weg, der zum wirklichen Leben führt.

Übung

Mache dir nach der nächsten Autobahnfahrt einmal bewusst, wie wenig du unterwegs von der Landschaft, von den Menschen und von dir selber wahrgenommen hast. Dann gehe auf einem steilen Waldweg, einem stillen Parkweg oder durch eine Wiese und achte auf deine Wahrnehmung.

75

Wenn du durch eine Tür willst, mache sie vorher auf!

Wer ein Ziel vor Augen hat, neigt oft dazu, dass er mit dem Kopf durch die Wand will. Dabei wäre es klüger, sich die Mauer erst einmal in Ruhe zu betrachten, ob nicht eine Tür vorhanden ist, durch die man gehen kann. Viele Hindernisse im Leben lassen sich überwinden, wenn man sie aufmerksam anschaut, statt sie gleich mit Gewalt und großen Mühen aus dem Weg zu räumen oder dagegen anzukämpfen.

Keine Radikallösungen

Hürden und Schwierigkeiten gehören zum Leben. Es macht wenig Sinn, sie als feindselige Bedrohungen zu sehen, die den Weg zum Ziel versperren – und die man sofort und radikal beseitigt. Das gilt für innere Hindernisse ebenso wie für äußere.

Die Tür suchen

Im alltäglichen Leben gibt es kaum Mauern, die kein Tor oder keinen Schlupf haben, selbst wenn sie oft schwer zu entdecken sind. Auch der verschlossenste Mensch hat eine Tür zu seinem Inneren – man muss sie nur finden, dann ist der Zugang zu ihm frei. Allerdings muss man, um den

Eingang zu finden, ein paar Schritte zurückgehen, sonst steht man zu nahe an der Mauer und sieht nichts. Es ist eine spirituelle Erfahrung, dass man, um eine Schwelle zu überschreiten oder ein Hindernis zu übersteigen, erst einmal einen Schritt zurück tun muss.

Übung

Öffne bewusst eine Tür und achte darauf, dass du einen Schritt zurücktrittst, bevor du die Tür aufmachst und hindurchgehst.

76
Schmarotzer und Schnäppchen

Viele wollen mit möglichst geringem Aufwand gut leben. Der Schmarotzer steigert dieses Verhalten ins Extrem: Er lebt fast nur noch auf Kosten anderer – in den Familien, in der Arbeit und in all den Fällen, bei denen der Staat und die Solidarität der Bürger ausgenutzt werden. Kinder sind davon besonders betroffen, weil sie eines Tages die Schulden zahlen müssen, die von uns heute gemacht werden. Weltweit gehört auch der Egoismus der reichen Staaten gegenüber Entwicklungsländern dazu. Sogar die Schnäppchenjagd im Supermarkt will signalisieren, dass der Käufer für sein Geld mehr bekommt, als die Ware eigentlich wert ist. Immer mehr nehmen als geben in Beziehungen, im Beruf, beim Einkauf etc. – das ist nicht nur Betrug am anderen, sondern auch an sich selber.

Die Wegwerf-Mentalität

Vielen Menschen ist nicht bewusst, dass Schmarotzertum schon dort beginnt, wo die Wegwerf-Mentalität einsetzt. Gedankenlos werden Gegenstände des täglichen Lebens entwertet oder »entsorgt« – ab in die Mülltonne mit dem billigen Sonderangebot, wenn es nicht mehr funktioniert. Das gilt für die Dinge des Alltags wie auch – in zunehmendem Maß – für Menschen. Dieses Denken zerstört das

Leben, mag es im schnell gekauften Schnäppchen auch nicht sofort erkennbar sein.

Wertschätzung des Menschen

Auch scheinbar einfache Gegenstände besitzen in sich einen Wert. Ihn zu respektieren und beim Kauf sehr bewusst auf Nachhaltigkeit zu achten, kann der Wegwerf-Mentalität entgegenwirken. Die weise benediktinische Regel empfiehlt, den anderen Menschen zu ehren und die alltäglichen Gebrauchsgegenstände wie heilige Altargeräte zu benutzen.

Diese Grundhaltung gilt heute besonders im Umgang der Menschen untereinander. Die Wertschätzung des anderen verhindert, dass man ihn nur zum eigenen Vorteil benutzt und »wegwirft«, sobald er nicht mehr gebraucht wird. Menschen in ihrer Würde nicht zu verletzen und Gegenstände mit Respekt zu gebrauchen, könnte Schmarotzertum und Wegwerf-Mentalität überwinden helfen.

Übung

Betrachte einen einfachen Gegenstand, den du häufig gebrauchst (z.B. ein Paar Schuhe, einen Stein), und fühle nach, was er für dich wert ist.
Hole dir einen Menschen ins Bewusstsein, den du nicht beachtet hast – und gib ihm in dir seinen Wert.

77

Jeder Widerstand ist ein Wegweiser

Wegweiser sind sinnvoll, aber oft kann man sie nicht gleich als Hilfen erkennen. Als Schilderwald im Straßenverkehr verwirren sie den Autofahrer manchmal mehr, als dass sie ihm helfen. Dann werden sie scheinbar zu Hindernissen – und man erkennt erst viel später, dass Widerstände und Hindernisse durchaus vernünftige Wegweiser im Leben sind.

Nicht ewig analysieren, sondern handeln

Jeder hat schon Misserfolge und Rückschläge erlebt. Aus solchen Widerständen im Leben erwächst oft Abneigung gegen bestimmte Menschen. Resignation – auch Krankheiten können entstehen. Deshalb ist es wichtig, dass man die inneren und äußeren Hindernisse beachtet, weil sie auf eine Störung aufmerksam machen. Wer Widerstände ignoriert, läuft Gefahr, dass er im Leben scheitert. In dem berühmten Theater-Sketch »Dinner for one« stolpert der Diener immer wieder über dasselbe Hindernis (einen Tigerkopf) – bis er endlich einsieht, dass er vorsichtig darüber hinwegsteigen muss.

Es ist keine vernünftige Lösung, wenn man einen Widerstand im Leben entweder ignoriert oder ihn nur zum Anlass nimmt, um die Schuld für das Hemmnis bei anderen oder bei Gott zu suchen. Ständiges Klagen ist ebenso wenig hilfreich wie der Versuch, dauernd mit aller Kraft dagegenzurennen.

Ziel im Auge behalten

Hindernisse gehören zum Leben und es ist klug, sich mit ihnen auseinander zu setzen, aber die Analyse darf nicht ewig dauern oder gar zum Selbstzweck ausarten, sonst wird das Hindernis nie beseitigt – im Gegenteil: Es wächst und wächst und bindet viele Kräfte. Dazu gibt es eine aufschlussreiche Geschichte von einem Mann, der in den Wald gehen wollte, um Bäume zu fällen. Unterwegs kommt er an einen Teich voller Krokodile, die ihm den Weg in den Wald versperren. Der Mann beschäftigt sich mit den gefährlichen Tieren – und wird schließlich zum Krokodiljäger, der sein ursprüngliches Ziel, nämlich in den Wald zu gehen, aufgegeben hat.

Der richtige Umgang mit Hindernissen ist für den Menschen wichtig, sonst verliert er sein Ziel aus den Augen. Denn oft führt der Umweg eher zum Ziel als die kurze Gerade. Das zu erkennen ist eine große spirituelle Erfahrung.

Übung

Suche nach Hindernissen, die sich dir in den Weg stellen oder dich behindert haben. An welchen bist du bis heute hängen geblieben, mit welchen kämpfst oder spielst du noch immer – und welche Hindernisse waren Wegweiser, um alte oder neue Ziele zu erreichen?

78

Loslassen ist ein Gewinn

Jeder Mensch hängt an Dingen, von denen er glaubt, sie sind für sein Leben wichtig: lieb gewordene Gewohnheiten, aber auch Vorurteile, Ängste, Begierden und Emotionen. Im Körper und in der Seele sammelt sich alles an und belastet den Menschen.

Sich von vielem trennen

Die meisten scheuen sich davor, etwas loszulassen. Sie glauben, dass ihr Leben ärmer wird, wenn sie sich von materiellem Besitz oder von Gefühlen und Erfahrungen trennen. Loslassen ist nicht leicht. Wer verzichtet schon gerne auf Party-Einladungen, auf den Kick bei besonderen Events, auf das schöne Auto, auf immer neue »Eroberungen«?

Der mürrische Rückzug von äußeren Abwechslungen ist keine Lösung – auch nicht die falsche Selbstberuhigung, dass ein Höchstmaß an Beziehungen und ständig neue Informationen wichtig sind, weil sie das eigene Leben bereichern.

Von der Natur lernen

Loslassen kann man vor allem von der Natur lernen. Sie entwickelt sich, indem sie immer wieder loslässt. Der Beerenstrauch gibt seine Früchte ab, damit er im nächsten Frühjahr wieder neu austreiben kann, der morsche Baum fällt, verwittert – und das Holz verwandelt sich in Humus, auf dem neues Leben wächst. Auch der Mensch erneuert sich, indem er sich von Veraltetem, von Überflüssigem und von seelischem Müll trennt. In allen Religionen und Weisheitslehren wird die vollendete Form des Menschseins als »heitere Gelassenheit« beschrieben – einem Zustand, der erst erreichbar ist, wenn der Mensch vieles, das ihn belastet, losgelassen hat. Loslassen wird dann zum Gewinn.

Übung

Atme bewusst und spüre, dass du nur einatmen kannst, wenn du vorher den Atem losgelassen hast.

79
Demut ist Stärke

Demut gilt heute als altmodische Tugend. In der Wirtschaft, im politischen Leben, in Kunst und Wissenschaft ist Demut kaum noch anzutreffen – sie scheint allem zu widersprechen, was unsere Leistungsgesellschaft heute braucht: Erfolg, Durchsetzungsvermögen, Selbstbewusstsein.

Die verwechselte Demut

Demütiges Verhalten wird heute von vielen Menschen verachtet, weil es nach ihrer Meinung nicht mehr in die moderne Zeit passt. Sie verwechseln Demut mit Falschheit, mit kriecherischer Unterwürfigkeit, mit Mutlosigkeit oder fehlender Lebenskraft – und damit wollen sie nichts zu tun haben. Doch Demut zu leben, erfordert große Aufrichtigkeit.

Demut braucht Selbstbewusstsein

Demut heißt im Lateinischen »humilitas« – davon leiten sich Begriffe ab wie Humus, human, auch Humor. Demütige Menschen stehen fest auf dem Boden, sind selbstbewusst – ohne Selbstbewusstsein gibt es keine Demut. Aus der eigenen Stärke heraus kann sich der aufrichtige Mensch in Demut vor anderen verneigen. Er respektiert sie, bringt ihnen Ehrfurcht entgegen – und trägt mit ihnen deren Kreuz, wie Jesus Christus in Demut Mensch wurde und mit uns das Kreuz auf sich nahm. »Die Würde des Menschen ist unantastbar« – dieser Grundsatz des Lebens spiegelt sich wider in der Haltung der Demut. Viele Menschen missachten in ihrer grenzenlosen Überheblichkeit und voller Hochmut dieses Prinzip. Auch das bewusste Annehmen von Sterben und Tod als Teil unseres Lebens kommt letztlich aus einer Haltung von Weisheit und Demut.

Übung

Stelle dich hin, verneige dich vor dem Leben, vor dir selber, vor den Mitmenschen und vor Gott – und richte dich wieder auf.

80

Das Leben verlängern durch Ent-schleunigung

Die meisten Menschen sind im Leben viel zu schnell unterwegs. Die Jagd von einem Event zum nächsten, das schnelle Auto, Stress im Beruf, die Höchstleistungen im Sport, der volle Terminkalender, Fast-Food – der Mensch wird von einem dämonischen Tempo getrieben, das ihm nicht bekommt. Denn die Seele reist langsam, sie ist für dauernde Höchstgeschwindigkeiten nicht geschaffen.

Vorurteil zur Langsamkeit

Schnelligkeit gilt in den modernen Gesellschaften als hoher Wert. Deshalb misstrauen viele Menschen allen Ratschlägen, das Leben zu ent-schleunigen. In ihrem Vorurteil verwechseln sie Langsamkeit oft mit Faulheit, mit sinkender Leistungsfähigkeit, mit Interesselosigkeit und Laissez-Faire. Dabei leben Menschen und Tiere, die langsam essen und sich bewusst bewegen, länger.

Mehr Lebenskraft

Aber Ent-schleunigung ist nicht Trödeln, Zaudern oder gar eine Form von Leistungsverweigerung, sondern die bewusste Verlangsamung des Lebenstempos. Ob im Sport, bei der Arbeit, in der Freizeit: Ent-schleunigung steigert die Lebenskraft und Kreativität, reduziert die Fehlerhäufigkeit und gibt dem Menschen wieder Raum für das bewusste Wahrnehmen des Lebens. Der aus den Fugen geratene Lebensrhythmus kann ins rechte Maß zurückkehren und beschenkt den Menschen mit innerer Ruhe.

Übung

Kaufe zur Bewirtung deiner Gäste tiefgekühlte Fertig-Pizzas, gare sie in der Mikrowelle und stelle sie auf den Tisch. Beim nächsten Mal stellst du vorher bewusst die Zutaten zusammen, bereitest daheim alles selber vor und servierst den Freunden die im Ofen frisch gebackenen Pizzas – und achtest bewusst darauf, was du und deine Gäste dabei empfinden.

81

Die Bedeutung der Pause

Wer arbeitet, muss Pausen einlegen. Was sogar für Maschinen wichtig ist, gilt erst recht für den Menschen, sonst entstehen Stress und Druck. Die Pause gehört zum Rhythmus des Lebens – mehr noch: Erst die Pause erzeugt den Rhythmus, und sie ist sogar höchst kreativ.

Im Urlaub entspannen

Wer vier, sechs Stunden am Stück arbeitet, leistet im Ergebnis weniger als einer, der alle ein, zwei Stunden innehält und eine kurze Pause macht. Aber viele setzen sogar in der Pause die Arbeit fort, indem sie sofort mit dem Handy telefonieren, Notizen machen oder in Akten blättern.

Die Menschen sind ununterbrochen unterwegs – und selbst in der Freizeit kommen sie nicht zur Ruhe. Es fehlen Freiräume, in denen die Seele baumeln kann. Die Menschen hecheln von Termin zu Termin, von Event zu Event – und glauben, die Lösung liegt darin, den Tag noch effizienter zu planen oder gleich ganz »auszusteigen«. Alle sehnen sich nach Urlaub und hoffen, dann endlich ausspannen zu können.

Ein paar Atemzüge lang

Während des Tages, egal wie ausgefüllt er ist und wo man sich gerade befindet, sollte man Pausen einlegen, um sich wenigstens für einige Momente aus dem Druck der Pflichten herauszuholen. Natürlich ist es nicht leicht, den Tag in einen Rhythmus einzuteilen, und oft ist es nicht möglich, diesen immer einzuhalten. Aber man sollte es wenigstens versuchen.

In den Klöstern gab es früher die Stundenglocke – und im Augenblick des Glockenläutens haben die Mönche innegehalten, um für ein paar Minuten bei sich selber zu sein. Man kann ja heute seine elektronische Armbanduhr zu einer modernen Stundenglocke umfunktionieren: Sie piepst dann zu jeder vollen Stunde und erinnert daran, die Arbeit kurz zu unterbrechen, damit man wenigstens ein paar Atemzüge lang bei sich selber sein kann. Sogar so winzige Pausen unterbrechen den Arbeitstrott – und warum soll das Piepsen immer nur an Termine und Telefonate mahnen? Eine kurze Pause ist Atemholen für Leib und Seele und fördert nicht nur die Effektivität, sondern macht Sinn.

Übung

Setz dich hin und nimm deinen Atem bewusst wahr. Du atmest ein, es gibt eine kleine Pause – und dann atmest du aus. So wie dein Atem eine Pause macht, ist es auch mit der Seele.

82

Rhythmus und Chaos

Dem Leben vieler Menschen fehlt oft eine Ordnung. Es ist häufig geprägt von einem großen Missverhältnis zwischen Arbeit und Pause, Schlafen und Wachsein, Spannung und Entspannung, Ruhe und Bewegung – das heißt: Die wichtigsten Lebensrhythmen sind heute durcheinander geraten. Und weil ein Mensch nur dann seine ganze Kraft und Kreativität entfalten kann, wenn sein Leben eine Grundordnung hat, ist es unklug, dass man auf seinen Lebensrhythmus kaum oder gar nicht achtet. Der Tagesablauf, oft auch die Beziehungen sind ungeordnet und werden der Beliebigkeit überlassen. Doch ohne innere und äußere Ordnung wird das Leben zerstört.

Der Holzweg

Manche wollen Ordnung und Rhythmus ins Leben bringen, indem sie ihre Tage noch besser im Terminkalender planen. Aber oft führt auch Zeit-Management auf den Holzweg – und viele, die dann scheitern, suchen ihr Heil als »Aussteiger«. Aber die Flucht endet trotzdem meist im Chaos.

Den Lebensrhythmus beachten

In allen Religionen und spirituellen Traditionen der Welt gibt es Regeln und Anleitungen, die dem Menschen helfen, seinen ganz persönlichen Lebensrhythmus zu finden. Diese Weisheitslehren beruhen auf Erfahrungen, die sich über Jahrtausende bewährt haben. Sie enthalten Lebensmodelle, die hilfreich sind in Krisen und Konflikten, die körperlichen und seelischen Krankheiten vorbeugen und die den Menschen in den heilsamen Rhythmus der Schöpfung einschwingen lassen. Dazu gehören viele Rhythmen, die im rechten Maß beachtet werden müssen, damit Harmonie ins Leben kommt: der Rhythmus von Tag und Nacht, die Jahreszeiten, Essen und Trinken, der Arbeitsrhythmus und viele mehr – sie alle vereinigen sich im großen, göttlichen Rhythmus der Schöpfung. Richtig leben kann ein Mensch nur, wenn er sein Leben bewusst gestaltet. Wer seinen Lebensrhythmus dauerhaft ignoriert, verliert seine Lebenskraft und wird krank – so eng ist die Beziehung zwischen Leib und Seele.

Übung

Nimm die Rhythmen deines Körpers wahr: Fühle vor allem deinen Herzschlag und spüre deinem Atem nach.

**Wo dein Schatz ist,
da ist auch dein Herz.
Sammelt nicht Schätze,
die Motten und Würmer
fressen, sonst fressen sie
auch noch euer Herz.**

Matthäus-Evangelium 6,19–21

83

Resignation kostet genauso viel Kraft wie Mut

Manche Menschen verzweifeln an ihrem Schicksal – und vergessen, dass Resignation ihnen genauso viel Kraft abfordert wie der Mut zum Leben. Die meisten sehen ihren Alltag nur noch als Mühsal und wollen sich gegen jedes Risiko materiell absichern, damit sie nicht draufzahlen müssen. Doch es ist eine Illusion zu glauben, dass man ohne Mühe ungeschoren durchs Leben kommt.

Resignation macht kraftlos

Resignation ist ein Rückzug in sich selber, mit dem oft Feigheit und Lebensüberdruss gerechtfertigt werden. Dabei verliert der Mensch die Beziehung zu anderen, zur Schöpfung, zu Gott. Doch seine Angst und die übertriebene Vorsicht verbrauchen viel Energie und machen das ganze Leben kraftlos. Es ist kein Bleiben und Sein in Ruhe mit sich selbst. In der Resignation murrt die Seele.

Lebensmut und Vertrauen

Um Freude zu spüren, muss der Mensch etwas wagen, muss Verantwortung übernehmen – und sich selber und anderen etwas geben. Das ist kein übertriebener Aktionismus. Natürlich darf man nicht übermütig und leichtsinnig sein, aber das rechte Maß an Lebensmut und Selbstvertrauen schenkt dem Menschen Freude und Vitalität. Daran ändern auch Enttäuschungen und Misserfolge nichts – sie gehören zum Leben. Lebensmut zeigt sich vor allem darin, dass wir auch in schwierigen Situationen nicht resignieren.

Übung

Suche nach Ereignissen in deinem Leben, bei denen du mutig etwas angepackt hast, um dein Leben zu fördern – und wo du resigniert hast. Schau dir diese Situationen an, ohne sie zu bewerten, und entscheide, wo du dich wohler gefühlt hast.

84
Ein Stück vom Leben geben – ein Opfer

Im christlichen Glauben findet sich eine Haltung, die im Leben oft nur schwer zu verwirklichen ist: Geben, ohne dafür etwas zu fordern. »Nehmet und esset«, sagte Jesus einmal – und verlangte als Gegenleistung weder Geld noch Dank. Ein Opfer ist ein Stück vom Leben, ein Teil deines eigenen Selbst, das du bewusst, ohne Absicht, mit innerer Freiheit und ohne Groll oder Resignation schenkst – und keine Gegenleistung einforderst.

Kein »Draufzahl-Geschäft«

Im Lebensalltag ist Schenken ohne Gegenleistung eher verdächtig. Materialisten sehen darin ein reines »Draufzahl-Geschäft«, Pädagogen warnen vor einseitiger Ausbeutung und Missbrauch des guten Willens, Psychologen befürchten eine Erziehung zur Unselbstständigkeit. Tatsächlich bedeutet diese Form des Gebens nicht, dass man für seine Arbeit, für seine Produkte nichts verlangen darf. Vielmehr geht es um die menschliche Grundhaltung, mit anderen zu teilen, ohne ständig »aufzurechnen«. Das erfordert Hingabe, sonst wird das Prinzip »Auge um Auge, Zahn um Zahn« nicht aufgelöst.

Absichtslos schenken

Die Absichtslosigkeit beim Schenken ist in einem Wort ausgedrückt, das heute eher altmodisch klingt: Opfer, also das bewusste Geben, ohne etwas zurückzubekommen, ohne auf Gewinn und Erfolg zu achten und ohne dafür etwas zu fordern – besser können, zum Beispiel, Eltern ihr Kind nicht aufs Leben vorbereiten. Sie geben ihr Leben für das Leben des Kindes. Das ist vor allem eine Haltung des Herzens, nicht des Verstandes. Opfer ist zweckfreies Geben, ist Schenken ohne Berechnung. Es müssen nicht immer konkrete Handlungen sein, um ein Opfer zu bringen – oft wird es durch einfache Worte, durch Zeichen und Symbole ausgedrückt. So kann selbst das Lebkuchenherz vom Jahrmarkt zu einer ähnlich wunderbaren Geste werden wie das mit Buntstiften gemalte Bild, das ein Kind seiner Mutter schenkt.

Übung

Schau auf dein Leben. Was hat dir wirklich Leben gegeben?
Wem hast du absichtslos ein Stück Leben geschenkt?
Nimm heute ein Stunde – und schenke sie und dich selber einem anderen Menschen, der dir nichts zurückgeben soll.

85
Vom Sinn der Arbeit

Arbeit ist nicht nur ein Mittel zum Zweck, um Geld fürs Leben zu verdienen. Aber selbst wenn die Arbeit noch so gut geregelt und organisiert ist: Viele finden darin keine Befriedigung. Tatsächlich scheinen im Laufe der Jahrzehnte Arbeit und Beruf aus dem ganzheitlichen Lebensrhythmus der Menschen herausgelöst worden zu sein. Heute gelten fast nur noch die Gesetze der Optimierung und Effizienz – ein Irrweg, der im Tunnelblick nur das Endprodukt der Arbeit im Auge hat.

Beziehungen am Arbeitsplatz

Umso bemerkenswerter sind Bemühungen in jüngster Zeit, mit denen Firmen die Arbeit und den Arbeitsplatz kreativ gestalten – mit erstaunlichem Erfolg. Sie haben erkannt, dass Arbeit auch ein geistiger Prozess ist, in dem sich die Mitarbeiter entwickeln und entfalten können. Die Zusammenarbeit, die Gespräche mit Kollegen, das Verständnis für organisatorische Zusammenhänge, die Bereitschaft Verantwortung zu übernehmen – gute Beziehungen zur Arbeit und zu den beteiligten Menschen fördern die Freude und den Gemeinsinn. Dass mit der verbesserten Einstellung zur Arbeit und zum Betrieb die Qualität der Produkte steigt, ist keine Überraschung. Die veränderte Grundhaltung von Unternehmern, Gewerkschaften und Belegschaften könnte sich auf den gesamten Arbeitsmarkt segensreich auswirken. Auch Verbesserungen, die jenseits aller Tarifregelungen die Zusammenarbeit untereinander fördern und allen Freude bereiten, könnten in gemeinsamen, kreativen Überlegungen gefunden werden – selbst wenn diese Sitzungen nicht als Arbeitszeit angerechnet werden.

Arbeit – ein spiritueller Prozess

Den Sinn der Arbeit sieht der heilige Benedikt nicht im Geldverdienen und im Erfolg der erbrachten Leistung, sondern in der Verherrlichung Gottes. Das bedeutet: Arbeit ist dann sinnvoll, wenn sie auch ein spirituelles Ziel hat. Dazu gehören die Freude an der Zusammenarbeit und am schöpferischen Werk. Insofern ist Arbeit ein spiritueller Prozess, in dem der Mensch Sinn und Erfüllung erfahren kann – auch im Sinne Gottes, der uns zur Mitarbeit am Schöpfungsprozess einlädt. Das mag manche Menschen überfordern, aber wenn es gelingt, die Arbeit nicht nur als Geldquelle zu sehen, sondern sie zu einem kreativen Lernfeld fürs Leben werden zu lassen, ist der erste Schritt getan.

Übung

Denke an eine eher eintönige Arbeit, die du machen musst – und überlege allein oder im Gespräch mit anderen, wie diese Tätigkeit kreativer gestaltet und gemacht werden kann, damit du Freude daran hast.

86

Ich weiß nicht, was Liebe ist

Schlagertexte, Fernsehfilme, Promi-Geschichten – ständig ist von Liebe die Rede. Doch die Liebe, von der geredet und gesungen wird, ist offenbar etwas ganz anderes als die Empfindung zwischen Mutter und Kind. Es scheint, dass die meisten Menschen eine falsche Vorstellung von Liebe haben – und dass man Liebe nicht mit dem Verstand begreifen kann. Manche verstehen Liebe als eine gute Tat an anderen, als Almosen, als Hilfe für Schwache und Arme, als die Abwendung von Schaden an Unschuldigen, als achtsamen Umgang mit sich selber und mit dem Nächsten – Liebe kommt unter vielen Namen und in vielen Gewändern daher.

Affenliebe

Doch häufig wird Liebe auch pervertiert. Wenn Eltern ihrem Kind in der Erziehung keine Grenzen setzen, sondern alles durchgehen lassen mit der Begründung, der Sprössling »soll es besser haben als wir«, dann wird daraus eine Affenliebe. Auch die Vergötterung eines Ehepartners überdreht die Gefühle – sogar die Selbstaufopferung für andere kann eine überzogene Form von Liebe sein, wenn dafür vom anderen Dank und Wohlverhalten eingefordert wird.

Was immer jemand aus Liebe tut – es ist gut gemeint. Und es wäre hochmütig, wollte man selbst die alte Dame kritisieren, die ihr Schoßhündchen putzig auffrisiert. Trotzdem spüren viele Menschen in ihrem Inneren Zweifel, vor allem dann, wenn Liebe professionalisiert wird – karitative Aktionen hinterlassen nicht selten einen schalen Geschmack.

Liebe ist absichtslos

Vermutlich kann ein Mensch nicht wissen, was Liebe wirklich ist. Sie geschieht absichtslos und ohne Ziel. Wenn Liebe einen bestimmten Zweck verfolgt, wird sie schnell zum Geschäft – man gibt und erwartet etwas zurück. Doch Liebe kann nur entstehen, wenn sie nicht an Bedingungen geknüpft ist. Der Mann, der seine Frau wegen ihrer tollen Figur liebt, wird eines Tages enttäuscht sein, wenn der Körper Falten hat. Liebe erfährst du, wenn du von einem anderen Menschen, von der Natur, auch von Gott absichtslos und zweckfrei beschenkt wirst – mit guten Worten, mit guten Gedanken, mit guten Gefühlen, mit einem Glückserlebnis oder mit einem Gegenstand, über den du dich freust. Der heilige Benedikt ermuntert seine Mönche, sie sollen Eifer entwickeln in der absichtslosen Liebe.

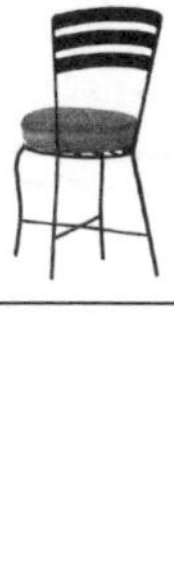

Übung

Schenke jemanden etwas, ohne dass du dafür eine Gegenleistung erwartest.

87

Die Stärke der Schwachen

Eine Kette ist nur so stark wie ihr schwächstes Glied, sagt eine Volksweisheit. Die Bergwanderer müssen also ihr Tempo und ihre Anforderungen an dem ausrichten, der die geringste Kondition hat, sonst fällt die Gruppe auseinander. Auch wenn in der Familie das Kind krank ist, darf die Mutter nicht in die Arbeit gehen – der Schwächste bestimmt den Rhythmus. Dieser Grundsatz gilt sogar für ganz banale Vorgänge. Beim Bau des Hauses muss auf den schwächsten Punkt – vielleicht auf den sumpfigen Untergrund, vielleicht auf die wacklige Finanzierung – Rücksicht genommen werden, sonst geht alles schief.

Nicht mit Gewalt

Manche Menschen ignorieren alle Schwächen – bei sich wie bei anderen. Mit Gewalt wollen sie an ihr Ziel kommen und unterschätzen die Gefahr des Scheiterns, wenn eine Schwachstelle nicht beachtet wird.

Deshalb ist es unklug, Schwächen zu ignorieren. Wer nicht darauf achtet, riskiert den Zusammenbruch des ganzen Systems – das kann die Familie sein, eine Rudermannschaft oder der einzelne Mensch, der auf seinen Körper oder seine Gefühlen nicht hört.

Die Schwäche als Helfer

Doch jede Schwäche ist ein hoher spiritueller Wert. Sie wirkt nämlich als Warnsignal und bewahrt vor Schaden – bei materiellen Projekten, in der Krankheit, bei Beziehungen. Der heilige Benedikt empfiehlt in seiner Regel, dass bei schwierigen Aufgaben immer der Jüngste (der Schwächste) nach seiner Meinung, seinem Befinden befragt werden soll. So werden Grenzen und zugleich Möglichkeiten aufgezeigt, um die richtige Entscheidung zu treffen. Oft muss dann ein anderer Weg gewählt werden, um ohne Risiken ans Ziel zu kommen. Schwäche ist also kein Unglück, sondern eine großartige Eigenschaft, um sich und andere vor Schaden zu bewahren. Der Mensch sollte seine eigenen Schwächen und die der anderen mit Dankbarkeit annehmen, weil sie ihm als wichtige Wegweiser im Leben dienen. Auch wenn eine Schwäche manchmal das forsche Weiterkommen einschränkt – im spirituellen Sinn sorgt sie dafür, dass das Leben nicht gefährdet wird. Und: Gott selbst hat eine Schwäche für die Schwachen.

Übung

Achte darauf, dass du bei der Arbeit nicht »überpowerst« – und mach bewusst eine Pause, um dich wenigstens ein paar Atemzüge lang zu erholen.

88

Schwäche kann zur Stärke werden

Es klingt paradox, ist aber wahr: Schwäche kann man in Stärke verwandeln! Wenn ein Mensch deine Fehler kennt und dich trotzdem nicht verurteilt, sondern respektiert und dich annimmt mit deinen Schwächen und Stärken, dann wandelt er deine Schwäche in Stärke um. Denn er fördert dein Selbstbewusstsein und baut dich auf, weil er deine Fehler nicht missachtet.

Nicht verurteilen

Die meisten Menschen nehmen jedoch die Fehler des anderen nicht einfach hin, sondern verurteilen sie, geben Belehrungen ab und beschönigen oder verharmlosen sie. Mit Besserwisserei, mit Vorwürfen oder mit immer neuen Ratschlägen machen sie – oft sogar in guter Absicht – dauernd auf die Schwächen aufmerksam. Das ist selten hilfreich, sondern bewirkt meist das Gegenteil, weil dann die Fehler noch deutlicher zu Tage treten und dich »klein« machen.

Ehrfurcht vor der Schwäche

Dabei wird übersehen, dass in jeder Schwäche eine Kraft liegt. Das Leben bringt immer auch Schwierigkeiten – und kein Mensch ist ohne Fehler, ohne Sünde, ohne Gebrechen. Es ist sogar eine Form von Ehrfurcht und Liebe, wenn jemand die Unvollkommenheit beim anderen akzeptiert als ein Zeichen des Lebens.

Übung

Stelle dir einen Menschen vor, über dessen Schwäche du dich immer aufgeregt hast – und versuche, seinen Fehler zu respektieren, ohne gleich wieder über Belehrungen, Ratschläge oder Hilfen nachzudenken.

89

Schweigen und Stille sind Räume höchster Aktivität

Ein Patient, der wegen seiner Depression einen Therapeuten aufsuchte, erzählte in einem Wortschwall von seiner Krankheit. Als er aufgefordert wurde, einmal bewusst zu schweigen und zu beachten, was dann in ihm geschieht, überkam den Mann erst große Unruhe – und dann schrie er seine Probleme aus sich heraus.

Unser lautes Leben lässt uns kaum noch Zeit zum Schweigen und zur Stille. Im Menschen sammeln sich zu viele vordergründige Worte und Gedanken an, die nicht verarbeitet werden. Die aufgestauten Emotionen und Verletzungen explodieren förmlich, wenn der Mensch in seinem Leben bewusst schweigt und still wird.

Abgelagerter Müll

Viele halten es nicht aus, dass die Ängste und Gefühle in ihnen hochsteigen – und setzen sich sofort durch Reden und übertriebene Aktivität darüber hinweg. Sie scheuen die Auseinandersetzung mit sich selbst, sodass der abgelagerte geistige und seelische Müll unberührt liegen bleibt, vor sich hin kocht – und mit einem Mal explodiert.

Im Schweigen steigen Probleme hoch

Es ist klüger, das Schweigen nicht zu unterbrechen, sondern die Emotionen bewusst aufsteigen zu lassen. Denn Schweigen ist eine hohe Form der Aufmerksamkeit und Wachheit. Natürlich kann es manchmal auch hilfreich sein, alles aus sich herauszuschreien – wichtig ist vor allem, seine Probleme bewusst zu erkennen, damit sie aufgearbeitet werden können. Sollte man damit alleine überfordert sein, ist es ratsam, mit einem erfahrenen Menschen – oder mit Gott – darüber zu sprechen.

Übung

Setz dich an einen ruhigen Ort und lass deine Gedanken und Gefühle einfach kommen. Schreibe sie auf, füge immer neue Aspekte hinzu und erwäge sie im Herzen oder sprich erst dann mit jemanden darüber, wenn du lange genug geschwiegen hast.

90
»Ich meditiere, damit ich wach bin«

Ein indischer Guru wurde einmal von seinen Schülern gefragt: »Meister, meditierst du, damit du erleuchtet wirst?«

»Nein.«

»Meditierst du, um zur inneren Ruhe zu kommen?«

»Nein.«

»Meditierst du, um Gott zu gefallen?« – »Nein.«

»Warum meditierst du dann?«

Er antwortete: »Ich meditiere, damit ich wach bin, wenn die Sonne aufgeht.« In dieser Antwort steckt ein tiefer Sinn.

Ziele sollen Nutzen bringen

Die meisten Menschen meinen, alle Gedanken oder Handlungen, auch die spirituellen, müssten einen unmittelbaren Nutzen haben: »Ich arbeite, damit ich mir ein Auto kaufen kann«, »Ich faste, damit ich schlank werde«, »Ich bete, damit mich Gott erhört«, »Ich erziehe meine Kinder, damit sie es später im Leben zu etwas bringen.« Viele Menschen setzen sich Ziele. Das ist sinnvoll, aber nicht Sinn stiftend. Doch zielgerichtetes Denken wird leicht zum materiellen oder spirituellen Geschäft – der Mensch tut etwas, um dafür belohnt zu werden. Materieller Erfolg, äußeres Ansehen, Anerkennung im Leben, Zugang zum Paradies – der Lohn hat viele Namen. Oft macht sich der Mensch davon abhängig.

Loslassen als Ziel

Das Beispiel des Gurus zeigt in eine andere Richtung – er tut etwas, um wach zu sein für das Leben, für eine Gotteserfahrung. Das Loslassen äußerer und innerer Gewohnheiten und die Rückkehr zur eigenen Lebendigkeit schenkt dem Menschen Freude und die Fülle des Lebens. In allen Religionen wird diese bewusste Wahrnehmung des Lebens und der Geschenke, die sich daraus ergeben, als Weg zur Weisheit und zu innerem Frieden beschrieben.

Übung

Stehe morgen früh auf und beobachte den Sonnenaufgang – und freue dich über das neue Leben und den neuen Tag.

91
Wichtige Dinge benennen

Das Wort Einsicht könnte fälschlicherweise so verstanden werden, dass man bei der Betrachtung eines Sachverhaltes nur eine einzige Sicht hat – das Gegenteil ist nämlich der Fall: Einsicht ist das Ergebnis, wenn man ein Thema aus mehreren Blickwinkeln sieht.

Vor allen wichtigen Entscheidungen sollte man das Für und Wider prüfen, die unterschiedlichen Aspekte beleuchten, das Problem aus wechselnden Perspektiven anschauen und sich in die Situation der Betroffenen einfühlen. Ob in der Familie, in der Firma, im Freundeskreis oder bei sich selber: Wenn ein Konflikt auftaucht, ist es hilfreich, seinen inneren Gehalt zu erfassen und sich über die verschiedenen Sichtweisen Gedanken zu machen. Nur selten ist es möglich, ein Problem mit einem einzigen, plakativen Argument zu bewältigen. Ist der Konflikt identifiziert und benannt, kann die innere Auseinandersetzung beginnen, die zur Lösung führt. Das Erkennen und Benennen ist oft schon ein Weg zur Heilung – wie eine gute Diagnose.

Alleingang ist schwierig

Viele Menschen sind nicht fähig, ein Problem einzukreisen, es klar zu benennen. Bei materiellen Entscheidungen ist das noch verhältnismäßig leicht, aber bei seelischem

Schmerz sind viele überfordert. Allein ist der Mensch meist nicht in der Lage, einen inneren Konflikt in seiner ganzen Tiefe zu erkennen und zu lösen. »Selbst ist der Mann« wäre in so einem Fall der falsche Weg – ebenso wie der Rückzug in die innere Emigration, bei der sich der Betroffene lediglich nach außen nichts von seinem Leid anmerken lässt.

Besser: gemeinsam beraten

Es ist eine alte Erfahrung, dass sich Konflikte am besten lösen lassen, wenn man die Hilfe eines anderen Menschen in Anspruch nimmt und mit ihm gemeinsam das Problem betrachtet. Er sieht es aus einer anderen Sicht, man hört eine andere Meinung und verstrickt sich nicht in seine eigenen Grübeleien. Ideal ist es, wenn alle am Problem Beteiligten einzeln oder – noch besser! – im gemeinsamen Gespräch zurate gezogen werden. Auch in der Regel des heiligen Benedikt wird die Erörterung des Konflikts in der Gemeinschaft empfohlen. Dass der Geist Gottes in der Gruppe wirkt, sagt nicht nur die Bibel, sondern ist eine spirituelle Weisheit aller Kulturen, wenn sich die Ältesten in einem Ritual versammeln und über wichtige Geschehnisse beraten.

Übung

Frage deine inneren »Berater« – deinen Mut, die Angst, die Hoffnung, deine Intelligenz – nach ihrer Meinung. Und dann frage auch noch einen Freund oder eine Freundin.

92

Was ist der Wille Gottes?

Manche halten Gott für ein weit entferntes Wesen, das irgendwann im Universum das Staubkorn Erde schuf – und fortan alles sich selber überlassen hat. Hinter den Naturkatastrophen, den Unzulänglichkeiten in der Welt und all dem menschlichen Leid können sie keinen göttlichen Willen oder Plan erkennen.

Andererseits gibt es viele, die Gott für einen Übervater halten, der die Menschen gängelt und wie ein Moralapostel ihre gute Taten lobt und die Sünden bestraft.

Das »vermenschlichte« Bild von Gott

Dieses Denken zeigt, dass man Gott »vermenschlicht« hat. Mit dem Verstand versuchen wir, uns ein Bild von Gott zu machen, aber dieses Konstrukt ist meistens ein Götzenbild. Das Problem dabei: Jede Vorstellung von Gott ist teilweise vielleicht richtig, aber sie ist zugleich auch falsch. Ganz ähnlich ist es mit dem göttlichen Willen. Die klügsten Köpfe in allen Religionen haben sich mit dieser Grundfrage befasst – ihre Gedanken sind für das Verständnis der Gläubigen auf vielfache Weise hilfreich. Doch letztlich wissen wir: Mit dem Verstand lässt sich Gott nicht begreifen, auch nicht sein Wille. So bleibt Gott eine Konstruktion der Menschen. Es macht deshalb wenig

Sinn, das Gottesbild intellektuell immer weiter zu verfeinern.

Sehnsucht nach Frieden

Klüger ist es, sich weniger mit der bildlichen Konstruktion Gottes zu beschäftigen, sondern mit dem eigenen Leben. Jeder Mensch hat tief in sich die Sehnsucht nach Heil, nach Vollendung, nach Frieden. Aber man muss anerkennen, dass sich diese Wünsche in unserer unvollkommenen Welt nicht verwirklichen lassen – es sind immer nur Annäherungen an das große Ziel möglich. Manchmal kommt der Mensch mit Gott in Berührung und empfindet Augenblicke des absoluten Glücks, aber den endgültigen Seelenfrieden kann er nicht auf dieser Erde finden.

In jedem Menschen ist die Sehnsucht nach Heil und Frieden eingepflanzt – das ist vermutlich der Wille Gottes. Der göttliche Funke im Herzen des Menschen entzündet sein Sehnen nach Vollendung. Gott hat, so berichtet die Heilige Schrift, keinen Gefallen am Tod des Menschen und wenn er sündigt, sondern daran, dass er umkehrt und lebt. Gott will, dass der Mensch ein Leben in Fülle hat.

Übung

Setz dich hin und höre eine halbe Stunde lang auf die leise Stimme deines Herzens und deiner innersten Sehnsucht. Dann höre noch mehr, noch tiefer – auf die Stimme Gottes in dir.

Worte des Lebens sind wie ein Felsen, auf dem ich mein Lebenshaus bauen kann, wenn ich auch danach handle.

Matthäus-Evangelium 7,24–27

93
Hören schenkt Leben

Zerstörung und Verkümmerung des Lebens ist fast immer die Folge, wenn ein Mensch nicht mehr gehört wird oder wenn er selber verlernt hat zu hören.

Hören bedeutet wahrnehmen. Wer für das Leben und dessen Vielfalt nicht mehr offen ist, schadet sich selbst und anderen. Vordergründig ist Hören die Aufnahme von Tönen und Geräuschen. Doch wirkliches Hören ist mehr – eine Brücke zwischen dir und den anderen. Insofern ist Hören ein Urprinzip des Menschen, der sich ohne diese Fähigkeit nicht entwickeln kann.

Zweifache Schmerzgrenzen

In unserer lauten Welt reduzieren viele Menschen Hören auf die Wahrnehmung des äußeren Lärms. Aber nicht nur startende Düsenjets, Diskotheken, Motorräder und der Bagger sind die Ursache dafür, dass der Mensch an Schmerzgrenzen herangeführt wird – schlimmer noch als zu viele Dezibel wirkt es sich aus, wenn der Mensch die leise Stimme seines Herzens nicht mehr wahrnimmt. Dann wird Hören zum seelenlosen Vorgang – in den schnarrenden Roboter-Stimmen bei automatisierten Telefonauskünften erreicht dieser Irrweg seinen Höhepunkt.

Natürlich dienen viele Gespräche dazu, sachliche Inhalte zu vermitteln – das ist nichts Schlechtes. Aber bei allen anderen Reden ist zu beachten, was der heilige Benedikt sagte: Höre mit dem Ohr deines Herzens. Ein Gespräch besteht nicht nur aus Worten und dürren Sätzen, sondern drückt aus, was man selber oder der andere gerade wahrnimmt: innere Bewegung, Berührung, auch Freude, Wut oder Angst. Deshalb ist es wichtig, diese inneren Stimmen (die eigenen wie die des anderen) zu beachten. Dann erst kann man – über das gesprochene Wort hinaus – die Botschaft in ihrer Gesamtheit verstehen und erfahren.

Übung

Nimm dir eine halbe Stunde Zeit und setz dich einer ganz normalen Lebenssituation aus – auf einer belebten Straße zu gehen oder in einer Kneipe oder in der Küche oder auf einer Bank im Park zu sitzen. Mach nichts anderes, als nur sehr bewusst auf die Geräusche zu hören, die an dein Ohr dringen.

94
Wofür lebe ich?

Die Frage klingt banal, ist aber gar nicht so leicht zu beantworten: Lebe ich für meine berufliche Karriere oder für die Familie, für Geld oder für äußeres Ansehen, für meine Beziehungen oder für meine Selbstverwirklichung, für die Gesundheit oder für die Kinder? Manche haben gar kein Ziel – sie leben halt in den Tag hinein.

Es ist nicht einfach, sein Lebensziel festzulegen, aber wer es gefunden hat oder – besser gesagt – immer wieder neu formuliert, erspart sich viele Enttäuschungen und Irrwege. »Als wir unser Ziel gänzlich aus den Augen verloren hatten, verdoppelten wir unsere Anstrengungen«, sagte Mark Twain einmal ironisch.

Ziele ohne Kraft

Viele Menschen haben zwar ihr Ziel im Auge, aber sie verzetteln sich auf dem Weg dorthin. Von den geringsten Hindernissen lassen sie sich ablenken, vor allem dann, wenn es sich um ein äußeres, materielles Ziel handelt. Das schöne Auto, der Bungalow, die Kreuzfahrt – solche Ziele ändern sich häufig und haben meist nicht genügend Anziehungskraft, um den Menschen sinnvoll auf Kurs zu halten. Manchmal lebt man nicht auf ein Ziel hin, sondern wird von irgendwelchen materiellen Zielen gelebt oder getrieben.

Auswirkungen im Leben

Ein Lebensziel strahlt umso mehr Kraft aus, je ideeller es ist. Wer sich engagiert, um das Zusammenleben von Menschen zu fördern, wer bewusst eine Familie aufbauen möchte, wer sich für den Frieden bei sich selber oder draußen in der Welt einsetzt, entscheidet sich für ein spirituelles Ziel – und wird Freude, Hoffnung, Zufriedenheit und Liebe empfinden. Doch das höchste Ziel bleibt tot, wenn es nur abstrakt formuliert ist – und keine Auswirkung im Leben hat.

Übung

Analysiere deine Ziele. Sind es nur materielle, äußere Ziele oder auch geistige und spirituelle?

95
Gemeinsam mit anderen hören

In unserer individualistischen Gesellschaft führt die zunehmende Vereinzelung der Menschen häufig dazu, dass die fürs Leben wichtigen Impulse, die aus der Gemeinschaft kommen, verloren gehen. Aber die Probleme der Gegenwart lassen sich nur durch gemeinsames Denken und Handeln lösen. Das gilt für den Staat ebenso wie für die Familie, für die Schule, für das Engagement in Gruppen und Bürgerinitiativen. Deshalb ist das gemeinsame Hören so wichtig, das bewusste Wahrnehmen der großen und der kleinen Welt.

Kein Aktionismus!

Alleine ist man kaum noch in der Lage, die massenhaften äußeren Eindrücke richtig einzuordnen – und daraus vernünftige Handlungen abzuleiten. Vor allem in schwierigen Situationen ist das gemeinsame Hören hilfreich. Bei Naturkatastrophen verpufft oft die schnelle Hilfe für die Betroffenen, wenn zu viele Einzelaktionen durchgeführt werden, statt die Maßnahmen zu koordinieren. Viele Menschen neigen in ihrer ehrlichen Hilfsbereitschaft einfach dazu, sofort in hektischen Aktionismus zu verfallen, der zwar gut gemeint ist, aber weniger nützt als eine koordinierte Gemeinschaftshilfe. Auch wenn der Vater mit einer schweren Krankheit in der Klinik liegt, ist es nicht hilfreich, dass alle paar Minuten jemand aus der Familie auftaucht und in bester Absicht Medikamente, Essen und Zeitschriften mitbringt – statt die Krankenbesuche zu koordinieren, damit der Heilprozess voranschreiten kann.

Solidarisch handeln

Die höchste Stufe der Menschwerdung, sagt der heilige Benedikt, ist der Gehorsam. Gemeint ist nicht ein militärisch erzwungener Kadavergehorsam, sondern das gemeinsame Hören, das aus innerer Freiheit und Einsicht kommt. Oft muss man dabei vom eigenen Standpunkt ablassen und sein individuelles Handeln zurückstellen – zugunsten des Gemeinsamen, Größeren, Notwendigeren. Der gemeinsame Weg ist das Ergebnis des gemeinsamen Hörens. Dazu braucht man auch verbindliche Regeln, die jeder akzeptiert. Miteinander hören, und als Folge das gemeinschaftliche Handeln, erfordern von allen Beteiligten Solidarität. Sie kommt aus der Einsicht des Herzens: Wenn es dem einen schlecht geht, stehen alle zusammen!

Übung

Übe in deiner Familie, mit einem Freund etc. das gemeinsame Hören ein, um für einen Ernstfall gerüstet zu sein.

96
Mehr Beispiel, weniger Worte

Worte wollen belehren – und wirken deshalb oft leer. Ewiges Reden heißt noch lange nicht, dass dadurch eine echte Kommunikation, ein Austausch oder eine Beziehung zwischen den Menschen entsteht. Viel überzeugender ist das gute Beispiel, das du vorlebst. Daran kann dich der andere erkennen. Denn was du tust und wie du etwas tust, zeigt deine Grundhaltung. Zu viele Worte und lange Diskussionen scheinen die Menschen zu ermüden. Im gegenwärtigen Informationszeitalter haben Worte Inflation, echte Handlungen aber sind selten geworden.

Endloses Blabla

Es ist nicht intelligent, sondern unmenschlich, ein schier endloses Gespräch durch die ständige Wiederholung der längst bekannten Argumente immer weiter auszudehnen. Langatmiges Ausdiskutieren der allerletzten Details schlägt oft die Zeit tot – zum Schluss weiß kaum noch einer, worum es inhaltlich wirklich gegangen ist. Es scheint eine Diskussionswut zu geben, die sich um das Handeln drücken will. Das ist keine Absage an eine vernünftiges Gesprächskultur oder an einen ehrlichen Informationsaustausch, auch keine Aufforderung zur Gesprächsverweigerung.

Entscheiden und handeln

Die Wortschwemme kann zurückgedrängt werden durch Tun, durch Zeichen, durch beispielhaftes Verhalten, durch kluges Abwägen und entschlossenes Handeln. Wenn ein Thema erschöpft ist, muss Schluss sein mit dem Herumschwadronieren. Dann ist es Zeit zu handeln, Verantwortung zu übernehmen oder eine Entscheidung zu vertagen.

Kinder quengeln gerne, wenn sie abends ins Bett gehen sollen. Es gibt oft langes Bitten und Betteln – die Kleinen wollen noch fünf Minuten aufbleiben, dann noch fünf Minuten und noch einmal zwei Minuten. Da haben lange Diskussionen wenig Sinn. Zu einem bestimmten Zeitpunkt muss die Mutter abbrechen und klar entscheiden, dass jetzt Schluss ist. In der Regel des heiligen Benedikt heißt es, dass der Abt mehr durch sein authentisches Leben, durch sein Beispiel und sein Handeln überzeugen soll als durch seine Worte.

Übung

Heute verzichtest du darauf, dein Handy, das Symbol für viele Worte, einzuschalten – und nimmst wahr, wie gut es dir tut. Zusätzlich entscheidest du dich, dass eine ganze Woche lang der Fernseher ausgeschaltet bleibt, um zu erfahren, wie Tage und Abende verlaufen, wenn die Wortflut aus dem Bildschirm verschwunden ist.

97
Die Angst vor dem Tod

Jugendlichkeit, körperliche Schönheit, Erfolg und Reichtum stehen in unserer Wegwerfgesellschaft auf der Werteskala ganz oben. Sterben und Tod werden dagegen verdrängt. Themen, die sich mit der Vergänglichkeit des Lebens befassen, sind tabu. Dahinter steht die Angst vor dem Tod. Aber auch kleinere Verluste, Schwächen und Niederlagen gelten als Makel. Diese Einstellung wächst im gleichen Maße, wie die Erosion religiöser und ethischer Werte in unserer Ellbogengesellschaft voranschreitet.

Jugendwahn

Das allmähliche Schwinden der Lebenskraft stürzt alternde Menschen oft in Depressionen. Beim Auftauchen der ersten Falten rennen immer mehr Frauen und Männer sofort zum Psychiater. Die natürlichen Zeichen der Vergänglichkeit werden als Bedrohung empfunden. Viele wollen dem Alter mit gesteigerten Aktivitäten ausweichen, doch der im Sonnenstudio gebräunte 75-Jährige in bunten Designer-Klamotten verweigert sich dem wahren Leben ebenso wie die vom Schönheits-Chirurgen frisch geliftete Mittfünfzigerin – sie wollen nicht akzeptieren, dass das Leben eine Reifungsprozess ist, der im irdischen Tod endet. Ihre Beschäftigung mit dem Sterben findet lediglich im Kino, im Fernsehen, in Büchern statt. In fast morbider Sehnsucht erleben sie dort das virtuelle, hoffnungslose Sterben, wenn grausame Morde, Kriege und der Tod im Drogen- und Zuhältermilieu in Großaufnahmen gezeigt werden.

Von der Schöpfung lernen

Von der Schöpfung und in den Rhythmen der Natur, aber auch aus den zentralen Aussagen der Religionen kann der Mensch lernen, dass aus dem Tod neues Leben entsteht. Selbst die schlimmste Katastrophe bringt Neues hervor. Es ist eine spirituelle Weisheit, alles Vergängliche mit heiterer Gelassenheit zu betrachten. Der Tod gehört zum Leben – im Tod erfüllt und vollendet sich der Mensch. Die Religionen sehen in dieser Erlösung den Übergang zum ewigen Leben.

Übung

Betrachte im Garten einen Baum, wie er blüht, verwelkt – und wieder aufblüht.

98

Buße ist nicht Strafe, sondern ein Weg zur Besserung

Jeder Mensch macht Fehler. Es wäre unklug, sich seine Schwächen nicht einzugestehen oder überhaupt keinen Versuch zu unternehmen, um an seinen Unzulänglichkeiten zu arbeiten, damit sich die Fehler nicht ständig wiederholen. Denn dass sich Fehler von selber auflösen, ist meist eine Illusion. Auch die ständigen Appelle und Hinweise, wie man etwas besser machen muss, nützen meist wenig.

Gute Vorsätze reichen nicht

Auch Bestrafungen lösen die Probleme nicht, wenn damit nicht zugleich auch der Wille zur Besserung verbunden ist. Der Autofahrer, der immer wieder wegen überhöhter Geschwindigkeit Bußgeld bezahlt, aber seine Fahrweise nicht ändert, hat nicht verstanden, was Buße bedeutet. Allerdings reichen auch gute Vorsätze allein nicht aus. Ein Sprichwort sagt, dass der Weg zur Hölle mit guten Vorsätzen gepflastert ist, weil ihnen keine Taten folgen.

Reue und Buße

Was wirklich hilft, Schwächen und Fehler in Stärken zu verwandeln, steckt in zwei Begriffen, die heute fast altmodisch erscheinen: Reue und Buße. In »Buße« steckt das Wort »Besserung« – und »Reue« hat mit »Rührung« zu tun. Der Weg der Umkehr erfordert zunächst, dass man bei sich selber diese Wahrheit erkennt, und zwar nicht nur mit dem Verstand, sondern im Herzen: Der Mensch muss sich anrühren lassen, oft fließen dabei auch Tränen, in denen sich der innere Panzer auflösen kann. Die Erfahrung, dass Gott es gut mit dir meint und dich trotz deiner Schwächen nicht fallen lässt, gibt dir Stärke und die Kraft zur Besserung.

Übung

Bevor du dich und andere bestrafst, berühre dich oder den anderen im Herzen und frage nach dem Willen zur Besserung.

99
Wichtig: die praktische Erfahrung

In unserer technischen Welt wissen die meisten Menschen nicht mehr, wie die alltäglichen Dinge um sie herum – vom Videogerät bis zum Auto – funktionieren. Zur Not helfen zwar Gebrauchsanweisungen, aber selbst das Zusammenbauen eines einfachen Schranks erweist sich schon als schwierig. Der Kochkurs im Fernsehen macht aus dem Zuschauer noch lange keinen Meister am Herd, und die Do-it-yourself-Sendung am TV-Bildschirm ersetzt nicht den Handwerker, wenn es um die Renovierung der Wohnung geht.

Noch komplizierter wird es bei den menschlichen Beziehungen. Theoretisch lernt man zwar den Umgang miteinander in der Schule, aus Fernsehsendungen und Büchern, aus der Zeitung und bei der Predigt in der Kirche, aber wir machen zu wenig praktische Erfahrungen.

Ratgeber und Spezialisten

Viele Menschen empfinden dieses Auseinanderklaffen von Theorie und Praxis nicht einmal mehr als unbefriedigend – und reagieren darauf unterschiedlich. Entweder sie stürzen sich auf noch mehr Ratgeber, um das Problem selber zu lösen, oder sie engagieren bei jeder Kleinigkeit sofort einen fremden Spezialisten. Leider wird man auf diese

Weise selber immer lebensunfähiger, weil die eigenen Erfahrungen fehlen.

Spiritualität im Leben

Ein Mensch kann sich spirituell entfalten, wenn er die Zusammenhänge zwischen seinem Leib, der Seele und dem Geist im praktischen Leben erfährt. Dann bleibt, zum Beispiel, Nächstenliebe nicht eine Theorie, sondern wird zur praktizierten Tugend.

Der heilige Benedikt sagt, dass sich ein Mensch nur dann wirklich entwickeln kann, wenn er die empfohlenen Lebensregeln nicht nur im Kopf aufnimmt, sondern auch tatsächlich im Alltag umsetzt.

Übung

Eine halbe Stunde lang die alte Weisheitsregel der »spirituellen Wachheit« üben, nämlich sehr bewusst all das wahrnehmen, was im eigenen Inneren und außen herum passiert. Das heißt: Ich höre auf das Leben, nicht nur auf die lauten, äußeren Geräusche und auf die bunten Bilder, sondern auch auf die leisen, unauffälligen Bewegungen.

100
Eine frische Halbe Bier ist eine Gotteserfahrung

Wenn man Menschen fragt, was sie brauchen, um glücklich zu sein, dann fällt die Wunschliste meist sehr ähnlich aus: genügend Geld, einen attraktiven Partner, ein schönes Haus, das Auto, wohlerzogene Kinder, gute Freunde. Diese Wünsche werden zu Zielen im Leben. Für das ersehnte Glück nehmen die Menschen viele Mühen auf sich. Sie begeben sich auf die Suche nach ihrem Glück – es ist nicht allein die Sehnsucht nach äußerem Wohlergehen, sondern letztlich nach einer spirituellen Erfüllung, nach einer Gotteserfahrung.

Trip zur Erleuchtung

Häufig gehen die Menschen auch auf einen Selbstverwirklichungs-Trip, um zur Erleuchtung zu kommen. Sie hoffen auf die göttliche Eingebung, auf eine »Key-Experience«, die ihnen für ein paar hundert Euro auf einem esoterischen Wochenendseminar versprochen wird. Aber so leicht ist Gott meistens nicht zu finden. Es wäre ja auch ungerecht, wenn nur vermögende Leute sich die Voraussetzung für eine Gotteserfahrung leisten könnten.

Gott berühren

Oft kommt der Mensch bei scheinbar ganz einfachen Erlebnissen mit Gott in Berührung: beim Blick in den Sternenhimmel, im Betrachten einer Blume, wenn Regen an die Fensterscheiben prasselt – oder wenn er auf der Gartenbank eine frische Halbe Bier genießt. Die tiefe Empfindung von Glück und Frieden ist eine Gotteserfahrung. Sie macht den Menschen nicht hochmütig, sondern demütig und dankbar. Dabei spielt es keine Rolle, wodurch dieses Erlebnis ausgelöst wurde – auch in der Freude über eine frisch eingeschenkte Halbe Bier oder ein gutes Glas Wein kann der Mensch Gott berühren.

Übung

Setz dich an einen ruhigen Platz und genieße ein Glas Bier oder Wein oder was dir sonst schmeckt – und freue dich an Gottes Güte.

Auch Wege der Weisheit beginnen mit dem ersten Schritt

Der heilige Benedikt schreibt im letzten Kapitel seiner Ordensregel, dass in seinen Anleitungen nicht alles enthalten ist, was auf dem Weg zur vollkommenen Gerechtigkeit beachtet werden muss.

Auch unser Buch ist unvollkommen. Mit den Beispielen, die wir in 100 lebensnahen Situationen beschrieben haben, wollen wir den LeserInnen Mut machen für den eigenen Anfang. Wer auf diesem Weg mehr wissen oder schneller gehen möchte, findet – wie auch der heilige Benedikt sagt – in vielen Büchern Anregungen von Weisen, Heiligen und klugen Menschen. Sie werden gute Hilfe geben auf dem Weg zu innerer Gelassenheit und Freude. Aber lies nicht allzu viele Bücher, sonst geht es dir wie dem Koch, der in einer Kochbücher-Bibliothek verhungert ist, weil er sich bei seiner Suche nach dem allerbesten Rezept nicht entscheiden konnte.

Wichtig ist, dass du überhaupt beginnst – und den ersten Schritt tust. Wenn du unter den 100 Anregungen, die wir im Buch geben, nur eine einzige findest, die dir tatsächlich hilft, dann haben sich alle Mühen schon gelohnt.

Deine innere Stimme ist leise, doch sie ist eine spirituelle Realität, die den Lebensalltag verändert, wenn man auf sie hört. Im Lärm der lauten Welt und weil wir häufig das Vertrauen zu uns selber und zu Gott verloren haben, verlassen wir uns zu sehr nur auf den Verstand – meist nicht einmal auf den eigenen, sondern auf den der anderen, die große Köpfe und dicke Lippen haben. Dabei ignorieren wir die Kraft der Weisheit, die aus dem Herzen kommt.

Viele Menschen spüren intuitiv, dass sie in ihrem Leben etwas verändern müssen: Sie wollen mehr Herz, mehr Seele in ihr Leben bringen. Doch der gute Wille allein reicht meist nicht aus, um den Wandel einzuleiten. Deshalb haben wir bewusst einfache Anregungen für die Auseinandersetzung mit verschiedenen Lebenssituationen gewählt. Vielleicht ist die eine oder andere Beschreibung Anlass, im Hören auf die Stimme des Herzens einen Weg der Weisheit zu finden, einfachen, weisen Lebensregeln wieder zuzustimmen – und eigene Erkenntnisse zu bekommen.

Es geht uns nicht darum, dass du unseren Vorschlägen theoretisch zustimmst. Wichtiger ist es, dass du selber mit deinem Herzen Einsichten gewinnst, sie in dein Leben umsetzt – und persönliche Erfahrungen machst. Albert Einstein hat einmal gesagt: »Holzhacken ist deshalb so beliebt, weil man das Ergebnis der Arbeit sofort sieht«.

Es wäre wunderbar, wenn dir unsere Anregungen helfen, dein Leben besser zu verstehen – und dir Mut machen, konkrete Schritte zu tun, auch wenn sie scheinbar noch so klein sind.

Wir wollen Mut machen zum Glauben, dass Gottes Geist die Herzen der Menschen erleuchtet und dass es ein paar Weisheiten gibt, die das Leben erleichtern. Die Grundregeln der Heiligen Schrift sind ja deshalb so hilfreich, weil der Geist Gottes sie mit Leben und Wahrheit erfüllt. Manche Regeln mögen dir sehr einfach erscheinen. Doch beim Versuch, sie in die Praxis umzusetzen, entdeckst du oft, wie schwer das ist. Spiele auch nicht eine Regel gegen die andere aus. Jede hat in der jeweiligen Situation ihre Bedeutung und ihren besonderen Sinn – sinnlos wird sie nur, wenn sie zur falschen Zeit und zur unpassenden Gelegenheit angewendet wird.